创客教育系列丛书

人工智能

胡永跃　主　编
李建民　副主编

清华大学出版社
北京

内 容 简 介

本书为创客教育系列丛书小学第二册,包括"体验人工智能""编程控制机器人"两部分内容,围绕创新思维的培养目标,设计了"爱学习的机器猫""机器人闯关"项目范例,通过"情境→主题→规划→探究→实施→成果→评价"的小项目学习方式,开展自主、探究、合作学习活动,运用简单的硬件设备和方便操作的软件平台,帮助同学们体验人工智能和智能机器人的技术魅力,学会通过编程尝试实现简单的人工智能,控制机器人的简单动作。

本书为创客教育系列丛书小学第二册,适合小学二年级学生阅读使用。

本书封面贴有清华大学出版社防伪标签,无标签者不得销售。
版权所有,侵权必究。侵权举报电话:010-62782989 13701121933

图书在版编目(CIP)数据

人工智能 / 胡永跃主编. —北京:清华大学出版社,2020.7
(创客教育系列丛书)
ISBN 978-7-302-55990-0

Ⅰ. ①人… Ⅱ. ①胡… Ⅲ. ①人工智能—小学—教学参考资料 Ⅳ. ①G624.583

中国版本图书馆CIP数据核字(2020)第121787号

责任编辑:	张　瑜
装帧设计:	杨玉兰
责任校对:	王明明
责任印制:	沈　露

出版发行:清华大学出版社
网　　址:http://www.tup.com.cn, http://www.wqbook.com
地　　址:北京清华大学学研大厦A座　　邮　编:100084
社 总 机:010-62770175　　邮　购:010-62786544
投稿与读者服务:010-62776969, c-service@tup.tsinghua.edu.cn
质量反馈:010-62772015, zhiliang@tup.tsinghua.edu.cn

印 装 者:三河市君旺印务有限公司
经　　销:全国新华书店
开　　本:210mm×285mm　　印　张:6.5　　字　数:150千字
版　　次:2020年8月第1版　　印　次:2020年8月第1次印刷
定　　价:49.80元

产品编号:088176-01

序

全球化和人工智能、大数据、区块链等技术的飞速发展，正在深刻改变着人才需求和教育形态，促使学生掌握在 21 世纪生存和成功所需的知识与技能，它们被称为 21 世纪的高阶思维技能、更深层次的学习能力以及复杂的思维和沟通技能。创客教育与 STEM 教育作为跨学科综合教育的有效形态，在全球范围内，特别是在美国、英国、德国、以色列、芬兰、日本等发达国家，已被提升到国家发展及人才战略的高度。近年来，STEM 教育理念在我国也越来越受到广泛重视并达成共识，其优越性体现在以下方面。

一是用知识解决问题。学生需要应用知识和技能，并且必须能够将知识和技能、学习和能力、惰性学习和主动学习、创造性和适应性的学习转化为有价值的高阶思维的分析、评价与创造。

二是批判性思维。批判性思维被认为是 21 世纪学习的基础，包括对信息的获取、分析和综合，并可以被教授、练习和掌握。批判性思维还利用了其他技能，如交流、信息素养能力，以及检验、分析、解释和评估证据的能力。

三是问题解决能力。21 世纪学生的另一个基本能力是解决问题，研究和解决问题的技能包括识别和搜索、选择、评估、组织和权衡备选方案和解释信息的能力。

四是沟通与协作。良好的沟通能力，包括口头和书面表达令人信服的想法的能力，能提出明确的意见，能接受连贯的指示，并通过言语激励他人，这些能力在工作场所和公共生活中都被高度重视。规范的合作学习需要改变课程、教学、评估实践、学习环境和教师的专业发展，21 世纪的合作将在学校内部、学校之间、学校内外的沟通之间发展。

五是创新与创造力。在全球化竞争和任务自动化的今天,创新能力和创新精神正在迅速成为职业和个人成功的必要条件,勇于"抓住"问题和实践探究"开拓新领域"的能力,激发新的思维方式,提出新的想法和解决方案,提出不熟悉的问题,并得出意想不到的答案,进一步激发创新和创造力。

六是基于项目和基于问题的探究式学习是 21 世纪教与学的核心,是实现 21 世纪教育目标的理想教学模式。学生们通过设计和构造现实生活中问题的实际解决方案来学习,在小组合作中,学生将开展跨学科知识融合与研究,对项目的不同部分负责,互相评价对方的工作并创造出专业的高质量产品,这将有助于培养学生在现实世界中解决问题的能力。

国内对 STEM 课程的研究还处于起步阶段,存在概念理解偏差、课程设置不完善以及师资力量不足等问题。一些技术驱动的创客内容,脱离了教育本质,未能以核心素养为本推动学生内在发展。虽然国内也出现了许多课程,如机器人、3D 打印、编程等,但大多呈现出碎片化的状态,没有形成一套完整的课程可供大家参考和借鉴。针对这种情况,"创客教育系列丛书"力求以系统化、可持续、可评价的方式开展 STEM 教育和创客教育的理论研究与实践探索,研发了一套 STEM 教育和创客教育的系统化课程,完成了从小学、初中到高中的有效衔接,以落实基于 21 世纪核心素养人才的培养方案。本丛书编写的指导思想,结合了我国国情,从"立德树人、服务选才、引导教学"角度出发,融项目式学习(PBL)、STEM 理念于一体,基于通识教育,以项目式学习推进 STEM 教育。该丛书包括小学三册、初中三册、高中三册,立足于大众创客教育,围绕数字创作、人工智能、创意制作、畅想创作四类课程有效进阶,结合网络学习平台,软硬结合,虚实融合,线上线下整合,培养学生 21 世纪核心技能。因此,该丛书的内容设计在选取上注重输入与输出的有效对接,每种课程都有合适的出口,最终都呈现出学生作品,与培育精英人才结合,与市、省及国家级的竞赛活动衔接。本丛书解决了跨学科融合与考试升学之间的矛盾;解决了不同地区经费需求不同的问题;解决了创客教育与 STEM 教育可持续性问题;解决了创客教育师资不足的问题。丛书出版以符合教育部公示并通过审核的面向中小学生的全国性竞赛活动为准,作品无论是虚拟创作还是实体制作,都是一个项目、一种工程。该丛书用项目式学习为师生提供明确的教学指引和学习支架,小学、初中、高中各阶段教材均以知识技能为主线,以项目教学或项目式学习为辅线,通过项目范例、项目选题、项目规划、探究活动、项目实施、成果展示、活动评价等环节引领教与学的活动。丛书中项目教学的思路主要通过项目式学习实施路径和项目活动评价表予以落实。

该丛书立足创客教育与 STEM 教育战略高度的顶层设计,聚焦教育创新战略,设计教育改革发展蓝图,积极探索新模式,借鉴国际教育发展前沿趋势和国内创新实践,聚焦提升人才培养质量,以为国家建设培养创新人才为核心,整合全社会资源,项目引路,构建由中小学校校内之间、不同学校之间以及校外与科研机构、高新企业、社区和高等学校组成的项目式学习发展共同体,以实施系统完整的创客课程与 STEM 课程为主线,打造覆盖区域的课程实施基地,面向全体,让每一个学生接受创客教育与 STEM 教育,通过课程的常态化和人才选拔,培养国家发展急需的创新型人才和高技能人才,为国际教育发展和科技创新型人才培养提供中国智慧和中国方案。

该丛书难免存在缺点和不足,殷切希望广大读者批评指正!

中国教育信息化创客教育研究中心
丛书主编 孙晓奎
2020 年 7 月

给同学们的话

亲爱的同学们：

每天清晨，智能电饭煲已经给我们准备好美味的米粥；当我们走入校门，智能门禁已经通过刷脸自动完成考勤；当我们放学回到家里，智能清洁机器人已经把家里打扫得干干净净。这一切都离不开人工智能技术和智能机器人技术的应用。

本书为创客教育系列丛书小学第二册，包括"体验人工智能""编程控制机器人"两部分内容，围绕创新思维的培养目标，设计了"爱学习的机器猫""机器人闯关"项目范例，通过"情境→主题→规划→探究→实施→成果→评价"的项目学习方式展开学习活动，帮助同学们体验人工智能和智能机器人的技术魅力。在本书学习的过程中所需的硬件也非常简单，只需要具备音箱、话筒和摄像头的多媒体计算机即可。

同学们，你们是不是有点心动啦！心动不如行动！让我们一起展开想象的翅膀，制作出创意无限的项目作品吧！

目录 CONTENTS

第一章　体验人工智能 1

项目范例：爱学习的机器猫 2
第一节　初识人工智能 3
　　一、人工智能已来 4
　　二、人工智能的应用 4
第二节　从文本到语音 6
　　一、文本朗读 7
　　二、变换朗读方式 9
　　三、初识百度大脑 11
第三节　自然语言处理 12
　　一、语音识别 13
　　二、语言翻译 14
　　三、保存语音处理结果 15
第四节　语音识别综合运用 16
　　一、键盘控制文本朗读 17
　　二、语音控制机器猫动作 18
　　三、诗词小达人 18
第五节　视频侦测初探 20
　　一、启用摄像头 21
　　二、简单动作侦测 21
　　三、互动小游戏 22
第六节　智能识物 25
　　一、智能识动物 26
　　二、智能识蔬菜 27
　　三、智能识物作诗 29
第七节　人脸识别 30
　　一、智能识别年龄 31
　　二、智能人脸录入 33
　　三、智能人脸辨认 33
本章扼要回顾 35
回顾与总结 36

第二章　编程控制机器人 37

项目范例：机器人闯关 38
第一节　简单动作机器人 40
　　一、控制机器人前进 41
　　二、控制机器人后退 42
　　三、控制机器人精确动作 43
第二节　组合动作机器人 46
　　一、大角度转向运动 47
　　二、弧线运动 48
　　三、连续弧线运动 49
　　四、认识子程序 50
第三节　迷宫机器人 52
　　一、使用子程序 53
　　二、初识循环语句 56
　　三、机器人推箱子 57
第四节　巧用延时指令 59
　　一、穿越障碍墙 60
　　二、前后推球 62
　　三、绕圈运动 63
　　四、再用循环结构 64
第五节　清洁机器人 66
　　一、场地巡航 67
　　二、启动吸尘电机 70
　　三、穿越隧道去清洁 72
第六节　测距机器人 74
　　一、认识超声传感器 75
　　二、触碰箱子 77

三、使用红外传感器 78
四、重走迷宫 79
第七节 巡线机器人 80
一、认识灰度传感器 81
二、单灰度巡线 82
三、双灰度巡线 84

第八节 高台机器人 85
一、认识下视传感器 86
二、认识指南针传感器 89
三、走高台机器人 89
本章扼要回顾 94
回顾与总结 95

附录　项目活动评价表 96

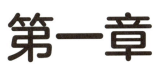

第一章
体验人工智能

　　以人工智能、大数据、云计算为代表的第四次信息革命已经到来，它深刻地影响着人类社会生活的各个方面。现在，人工智能已经融入人们的日常学习和生活之中，比如交通控制智能化管理、公共安全智能化监控、学习过程智能化评价，等等，使人们的生活变得越来越美好。

　　本章通过"爱学习的机器猫"项目范例，以Kittenblock平台为依托，引领同学们进行自主、协作、探究式学习，让同学们体验人工智能的魅力，了解文本阅读、语音识别、图形识别、人脸识别的编程实现方式，学习创新技能，具备创新意识，从而将知识建构、技能培养与思维发展融入运用数字化工具解决问题和完成任务的过程中，促进创新思维的发展，完成项目学习目标。

第一节　初识人工智能
第二节　从文本到语音
第三节　自然语言处理
第四节　语音识别综合运用
第五节　视频侦测初探
第六节　智能识物
第七节　人脸识别

项目范例：爱学习的机器猫

● 情境

美好的一天从清晨开始。

小明刚从睡梦中醒来，就有一只爱学习的机器猫跟他互动。小明看向它时，屏幕上小明的头像就会加上一个面罩。要想摘掉面罩，小明必须答对机器猫的提问……

很好玩呀，一起来试试吧，如何制造出一个爱学习的机器猫。

● 主题

爱学习的机器猫。

● 规划

根据项目主题，在小组中讨论项目的基本功能模块，制订项目规划。

● 探究

根据项目规划，通过调研和案例分析，网上搜索资料或小组讨论，开展"爱学习的机器猫"项目学习探究活动，如表1-1所示。

表1-1 "爱学习的机器猫"项目学习探究活动

探究学习内容	探究学习活动	知识技能
初识人工智能	人工智能已来	了解人工智能的基本知识
	人工智能的应用	体验人工智能的简单应用
从文本到语音	文本朗读	学会编写简单的文本朗读程序
	百度大脑插件	了解并会用百度大脑插件
自然语言处理与语音识别综合运用	语音识别	学会编写简单的语音识别程序
	语言翻译	会用翻译插件编写简单的翻译程序
	语音识别综合应用	了解语言控制机器的动作程序
视频侦测、智能识物和人脸识别	简单动作侦测	视频侦测，了解简单的动作侦测
	智能识物	会用插件编写简单的识物程序
	人脸识别	会用 Face AI 编写人脸识别程序

实施

实施项目学习各项探究活动，深入了解人工智能程序的编写与测试。

成果

在开展项目范例学习的小组活动中，完成对项目范例的功能规划与设计，运用恰当的编程平台进行程序编写实践活动，形成最终程序作品，并通过程序运行和现场测试，展示项目范例学习成果。

评价

对项目范例的学习过程和学习成果在小组和班级上进行交流，开展项目活动评价。

项目选题

同学们以3～6人组成一个小组，选择下面的参考主题，也可自拟一个相关主题，开展项目学习。

1. 爱挑战文学常识的机器猫。
2. 爱挑战数学口算的机器猫。
3. 爱背诵古代诗词的机器猫。

项目规划

各小组根据项目选题，参照项目范例的样式，制订相应的项目方案。

方案交流

各小组将完成的方案在全班进行展示交流，同学们共同探讨，完善各自的项目方案。

探究活动

请同学们通过本章各节中一个个小项目的探究、合作学习，为实施大项目计划做好充分的知识、技能储备。

第一节　初识人工智能

自从1956年人工智能一词诞生以来，经过60多年的演进，人工智能时代正朝着我们迎面走来。人工智能通过研究人类智能活动的规律，构造具有一定智能的人工系统，并通过计算机软硬件来模拟人类的某些智能行为。

人工智能技术的发展意味着机器的智能化程度越来越高，从文本朗读到字符识别，从语音

人工智能

识别到智能翻译，从视频侦测到智能安防，从机器学习到深度学习。特别是近几年来，人工智能领域的研究成果不断涌现，同时，人工智能的应用必将越来越深刻地影响人类社会，人工智能技术正在改变我们的社会、家庭、工作、生活与学习。

一、人工智能已来

2016年3月，一场人机围棋大战吸引了全世界人们的目光，一个名为阿尔法狗的人工智能程序与人类世界围棋冠军的较量展示了新一代人工智能技术——"深度学习"的发展潜力。在此之前，棋类游戏一直被视为顶级人类智力的试金石，从20世纪90年代到21世纪的第一个10年，人类在与人工智能的棋类游戏对抗中节节失利，围棋成了人类智力游戏最后的一块高地。

这场比赛的最终结果是人类冠军以1：4告负，人们开始认识到人工智能技术已经渗透到每个人的工作和生活中，多元化的人工智能应用场景已绘构出越来越广阔的想象空间。人工智能时代正在向我们走来。

2017年，为了抢抓人工智能发展的重大战略机遇，构筑我国人工智能发展的先发优势，加快建设创新型国家和世界科技强国，我国发布了《新一代人工智能发展规划》，人工智能人才的需求正在不断增长。有人预言，人工智能时代已经到来。

人工智能与我们的生活密切相关，生活中到处都有人工智能技术的应用产品和案例，请大家开动脑筋，大胆判断，小心求证。

● 交流

1. 请同学们上网搜索人工智能的相关资料，相互讨论一下你对人工智能技术的理解。
2. 生活中你知道哪些场景应用了人工智能技术，请和同学们讨论交流一下。

二、人工智能的应用

人工智能的应用领域非常广泛，目前人工智能技术的真正应用还停留在只能实现特定功能的部分领域。有采用模式识别技术的指纹识别、人像识别、文字识别、图像识别、车牌识别等系列应用场景；有以语音识别技术为基础的语音输入、语言翻译、自然语言处理、专家系统等应用场景；还有融合了机器人技术的智能机器人产品更是让人眼界大开；诸如此类的应用领域还有很多。

上述特定领域的人工智能被称为"弱人工智能"或"中人工智能"，而具有真正推理和解决问题的能力、有知觉、有自我意识的机器被称为"强人工智能"。它可能是模拟人类大脑实现的，也可能是有和人完全不一样的知觉和意识，使用和人完全不一样的推理方式来实现。下面我们通过一系列的活动来体验人工智能的魅力吧。

1. 玩转智能音箱

智能音箱是对普通家用电器——音箱进行了智能语音互动功能升级的创新产品，快来和它

互动一下，看看它能做些什么事情，如图1-1所示。

图1-1　智能音箱

2. 语音输入大比拼

电脑和手机已经成为人工智能时代的应用终端之一，语音输入让我们可以不再为键盘打字而烦恼，直接说话就可以实现文字录入，快来比拼一下，看看谁的文字输入速度更快、更准确。

3. 拍照识物

在生活中，我们总会遇到一些不熟悉的事物，比如植物、动物、商品、文字等，拿起手机用相关的智能APP拍一下它的特写，马上就可以得到识别结果，快来试一下吧。

未来更好的人工智能应用应该是隐形的服务，我们越意识不到应用背后有人工智能技术的存在，越说明该应用的智能化程度高。随着计算机和互联网的不断升级，提供人工智能算力服务的服务器集群就像"发电厂"，人们将会像使用电力一样来调用人工智能算力服务。

人工智能的应用开发最主要在于创新设计，只要我们动手动脑，也可以开发出自己的人工智能小应用。在本章中，我们将通过Kittenblock（可从网上下载安装）来进行项目学习实践，这是一个基于Scratch 3.0开发的人工智能图形化编程平台，让我们自己动手来编写人工智能的应用程序吧。

● 体验

1. 运行Kittenblock，打开项目，找到课程资源第一节范例程序"爱学习的机器猫"，体验一下人工智能的简单应用。这只爱学习的机器猫到底会做些什么事呢？快来运行了解一下吧，如图1-2所示。

2. 各小组讨论交流范例程序中使用的编程平台与以前学习的Scratch 3.0有什么相同之处和不同之处？增加了什么功能？

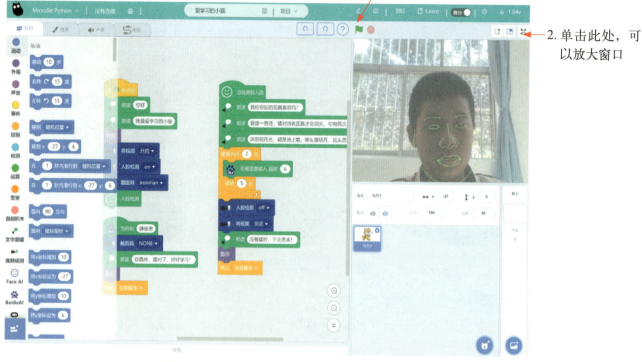

图 1-2 爱学习的机器猫

上面的人工智能程序运用了语音输出、语音识别、视频侦测和人脸识别等常见的人工智能应用模块，是不是很有趣呢？

第二节　从文本到语音

● 情境

如图 1-3 所示是会读诗词的机器猫。

小明：在机场和车站，经常听到各种航班车次在不停地广播……这些都是真人在说吗？

机器猫：当然不是啦，要都是真人在说，那得多累啊。现在，我都可以只要看到文字就能说出来。

● 问题

如何把文本转换成语音？

● 选题

请同学们以 3～6 人组成一个小组，选择下面一个参考主题，或者自拟一个感兴趣的主题，开展一个小项目的学习。

1. 会读散文的机器猫。
2. 会进行口算的机器猫。
3. 会发语音的闹钟。

图 1-3　会读诗词的机器猫

● **规划**

各小组根据本组的小项目主题，参照项目范例的样式，利用思维导图工具，制订相应的项目方案。

一、文本朗读

文本朗读，也可称语音合成，是指将存储在计算机内的文字信息加工处理成流畅、自然的语音并输出。

下面，我们通过 Kittenblock 平台编写会读诗词的机器猫程序。

程序创建过程如图 1-4 至图 1-6 所示。

人工智能

1. 拖动开始指令到编程区

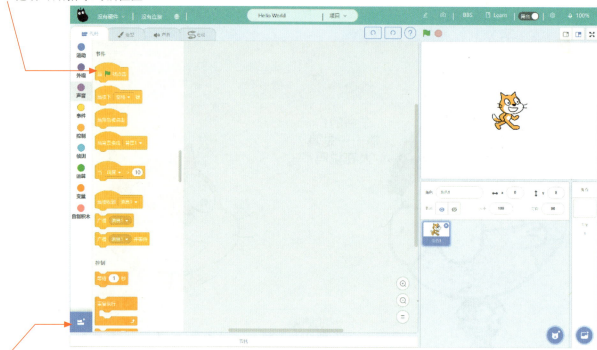

2. 单击此处，打开插件库

图 1-4　新建程序

3. 选择文本朗读插件

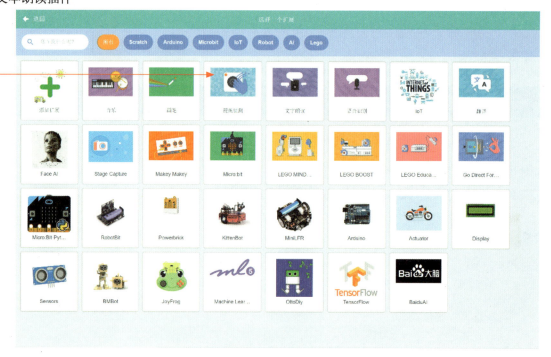

图 1-5　调用文本朗读插件

4. 按图设置指令组

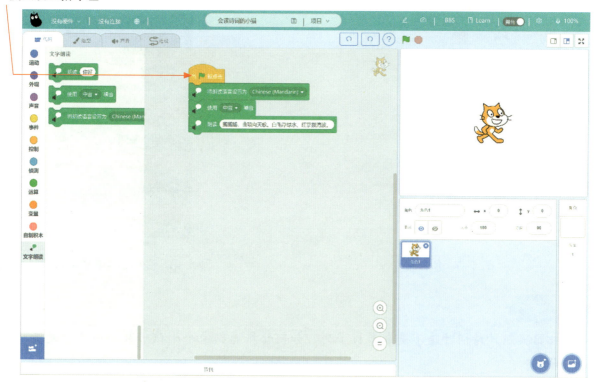

图1-6 完成程序编写

● 讨论

同学们，你们的机器猫会朗读诗词了吗？请同学们尝试着修改不同的嗓音来朗读，再思考一下为什么设置朗读语言为中文，如果改成其他语言可以吗？如何让机器猫读不同的诗歌呢？

二、变换朗读方式

我们的人工智能程序进行文本朗读是通过云端服务器来实现的，程序的运行速度往往受限于网络速度和云端服务器的性能，运行程序后朗读的语音可能没那么快生成，请大家耐心等待。随着5G时代的来临，这种网络延迟会越来越小，速度会越来越快。

变换机器猫读诗词的朗读方式，例如，将诗词的不同行用不同的声调朗读，编程过程如图1-7、图1-8所示。

在程序中我们增加了一个变量x来保存诗句，把一首诗词分解成多个诗句以降低云端服务器的工作负担和网络传输数据量；通过改变嗓音设置朗读方式，这样可以让朗读更加有趣味。

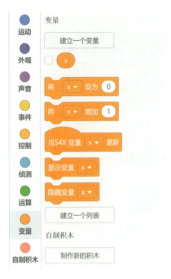

图1-7 引用变量x

图1-8 变换朗读方式的代码

● 思考

机器猫朗读诗词时是不是太呆板了呢？如何让机器猫像个小孩一样一边走来走去，一边朗读诗歌呢？

● 阅读

智能文本朗读背后的人工力量

早期的文本朗读是基于单字转换，把单字对应的语音直接进行合成，导致语音非常生硬、枯燥，这样逐字朗读出来的声音毫无感情，听起来好像是一个机器人在逐字说话；后来进入了词组拼接合成阶段，就是将一个简单的句子分解成多个词组的语音，不能组成词组的还是要单字朗读，这样显得自然一些；随着人工智能技术的发展，基于网络连接的云端服务器处理的语音可以将输入的文本进行参数调整，最终输出有感情、抑扬顿挫的语音，使朗读变得越来越自然、生动。这种能够处理带感情的语音的人工智能服务器在应用前期需要大量的人工进行信息标注。有人说："人工智能有多智能，就意味着背后有多少人工。"此话有一定的道理。

目前人工智能落地场景不断丰富，智能化应用正改变着我们的生活。而在AI产业高速发展的背后，数据标注师这个新职业的从业人数也正在壮大。数据标注行业流行着一句话："有多少智能，就有多少人工。"目前AI算法能学习的数据，必须通过人力逐一标注，通过这些人力为AI机器学习进行数据的分类和标注工作，让机器可以快速学习和认知文字、图片、视频等内容，构建了AI金字塔的基础。

目前这种大量的人工标注是有价值的，因为理论上解决问题很难，但有了大量数据，通过设计深度学习网络，可以在特定场景特定应用中用数据训练神经网络，从而在很多场景中可以让AI快速落地占领市场、驱动行业应用、促进行业升级和迭代。随着数据量的增加，机器得到的训练越来越充分，机器慢慢可以自动检测，类似工作可以很大程度上由机器完成。机器不断理解更多的内容，由画框到基础词汇，慢慢形成自己的知识图谱，最终实现自我推理和思考。

三、初识百度大脑

百度大脑是我国百度公司自主研发的人工智能云计算平台,能支持和提供视觉、语音、自然语言处理、知识图谱、深度学习等 AI 核心技术的算力资源。我们的编程平台也支持对百度大脑的简单调用,下面让我们一起来连接百度大脑吧。

安装百度大脑插件,过程如图 1-9 至图 1-11 所示。

1. 打开插件库,单击此处添加扩展

3. 安装百度大脑插件后出现图标

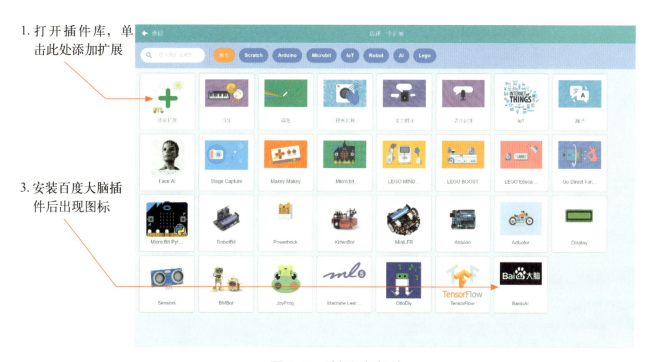

图 1-9 选择添加插件

2. 输入插件 URL 地址

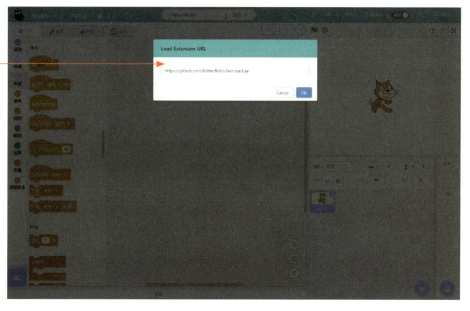

图 1-10 安装百度大脑插件

4.熟悉百度大脑指令

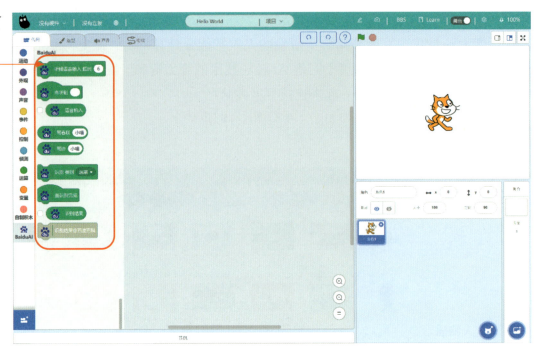

图 1-11　百度大脑插件指令集

百度大脑的功能很多，我们的编程平台只引用了其中的极少数功能，主要包括语音识别、智能识物和智能写诗功能，其他功能以后我们会一一研究。

● **实施**

各小组根据所选定的小项目主题及拟定的小项目方案，结合本节所学的知识，实施相关活动，创作小项目作品。

● **展评**

各小组运用数字可视化工具，将所完成的小项目成果，在小组和全班中，或在网络上进行展示与交流，进一步优化方案，迭代改进，完善作品。

第三节　自然语言处理

● **情境**

机器猫能听懂我们说话就好了，如图1-12所示。

小明：我已经会编写朗读文本的程序了。若是机器猫能听懂我们说的话，那我们跟它交流就方便了。

小红：我们来试试看，编写能让机器猫听懂人话的程序吧。

图 1-12　机器猫能听懂我们说话就好了

● 问题

如何编写语音识别程序？

● 选题

请同学们以 3～6 人组成一个小组，选择下面一个参考主题，或者自拟一个感兴趣的主题，开展一个小项目的学习。

1. 会跟读诗歌的机器猫。
2. 会出口算题的机器猫。
3. 智能学习小助手。

● 规划

各小组根据本组的小项目主题，参照项目范例的样式，利用思维导图工具，制订相应的项目方案。

一、语音识别

在我们的编程平台中，语音识别功能可以通过两种插件来实现，一种是语音识别插件，这个插件连接的是国外的服务器，对于中文语音识别其反应速度很慢，经常识别不成功；另一种就是我国的百度大脑插件，中文语音识别速度是一流的。

下面我们编程实现能进行语音识别的机器猫，其过程如图 1-13 所示。

 人工智能

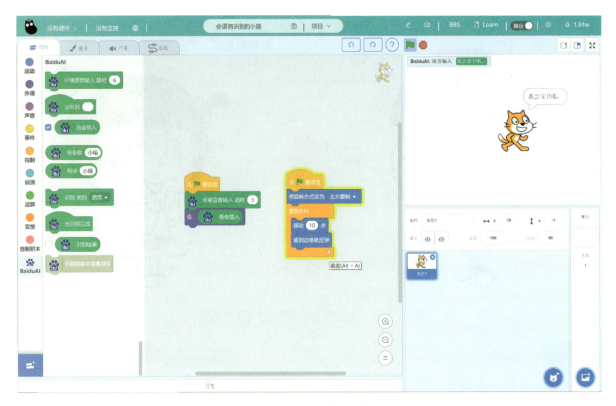

图 1-13　语音识别

在上面的范例中，机器猫可以在走来走去的同时听你说一句话，然后用文本的方式复述出来。语音识别调用了百度大脑插件的指令 ![听候语音输入 超时 3] 来实现，这个指令中有个重要的参数时长3秒，如果要识听更长的句子则需要增加时长秒数。文字复述指令调用了外观模块中的指令 ![说 你好!] ，注意需要将其中的常量"你好"用百度大脑插件中的指令 ![语音输入] 来代替。

● 实践

编程让机器猫跟你朗读古诗《静夜思》。

古诗《静夜思》由四个诗句组成，为了分解语音识别工作量，可以用循环控制语句来实现；复读古诗可以考虑用文本朗读插件的指令 ![朗读 你好] 来实现。

二、语言翻译

全球化时代，越来越多的人走出国门，语言的翻译需求也可以通过人工智能技术来实现，不懂外语也可以自由出行了。

编程实现会语言翻译的机器猫，其过程如图1-14所示。

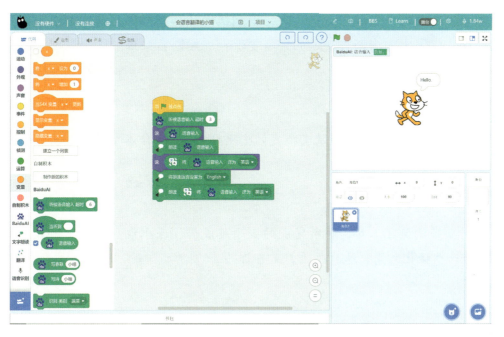

图 1-14　语言翻译

在上面的范例中，我们要调用插件库中的翻译指令 ，该指令可以把中文翻译成数十种语言，可以尝试改变翻译的目标语种。

三、保存语音处理结果

在上面的范例中，我们注意到语音识别和翻译的结果都是直接引用的，那么问题来了，怎么保存语音处理的结果呢？可以考虑用变量或者列表来进行存放。

编程实现能保存语音处理结果的机器猫，其过程如图 1-15 所示。

1. 单击此处，分别建立两个变量

2. 引用此指令为相关变量赋值，保存语音结果

图 1-15　引入变量保存语音结果

在代码中通过引入两个变量分别保存语音识别结果和翻译结果,这样可以简化对相关语言处理结果的引用,代码更加清晰直观。如果需要保存一组语言处理的结果,那么就需要用到列表结构了。

● 实施

各小组根据所选定的小项目主题及其拟定的小项目方案,结合本节所学知识,实施相关活动,创作小项目作品。

● 展评

各小组运用数字可视化工具,将所完成的小项目成果,在小组和全班中,或在网络上进行展示与交流,进一步优化方案,迭代改进,完善作品。

第四节 语音识别综合运用

● 情境

小红:我们可以编程让机器猫听懂我们说话,若是能让它帮我们做一些简单的事就更好了。

小明:听老师说,我们可以综合运用键盘操作、动作控制、语音识别、文本语音互换等多种方式,让机器猫做各种动作,比如读诗、移动、答题等。

小红:那就先试一试怎么让它成为一个诗词小达人吧。

● 问题

如何融合多种交互技术使机器猫更聪明?

● 范例

诗词小达人机器猫,如图1-16所示。

图1-16 诗词小达人机器猫

● 选题

请同学们以 3～6 人组成一个小组，选择下面一个参考主题，或者自拟一个感兴趣的主题，开展一个小项目的学习。

1. 会读多首诗歌的机器猫。
2. 会背乘法口诀的机器猫。
3. 口算小专家机器猫。

● 规划

各小组根据本组的小项目主题，参照项目范例的样式，利用思维导图工具，制订相应的项目方案。

一、键盘控制文本朗读

键盘互动是人机交互最常见的方式之一，通过键盘来控制文本朗读的内容，可以提高用户的使用兴趣，激发用户的探索热情。我国优秀的传统文化中有很多朗朗上口、韵律优美的诗篇，快快行动起来，让机器猫来朗读诗歌吧。

编程实现用键盘控制朗读文本的机器猫，其过程如图 1-17 所示。

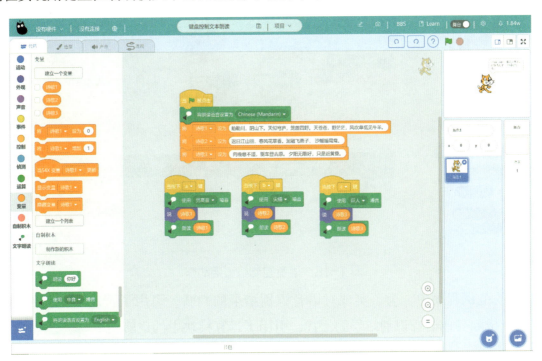

图 1-17 键盘控制文本朗读

在代码中，我们一共定义了三个变量，分别用来存放三首诗词，然后三次调用事件模块中的指令，修改空格键为对应的字母键，分别调用不同诗词的文本朗读指令。

● 实验

1. 键盘上的其他键位当然也可以用来控制互动效果，请尝试用更多的键位来实现朗读功能，增加更丰富的诗歌来完善程序。

2. 舞台上的机器猫是不是原地不动呀，能不能让机器猫活动起来，增添动感效果呢。

3. 舞台上的背景是不是单调了一些，能不能用不同的背景对应不同的诗歌呢。

……

我们可以尝试应用更多的模块中的指令，让我们的程序更加精彩。

二、语音控制机器猫动作

语音控制是人工智能应用中最常见的控制方式之一。通过语音来控制机器猫前进、后退、向左、向右的动作，让机器猫变得听话。

编程实现用语音控制机器猫的动作，其过程如图1-18所示。

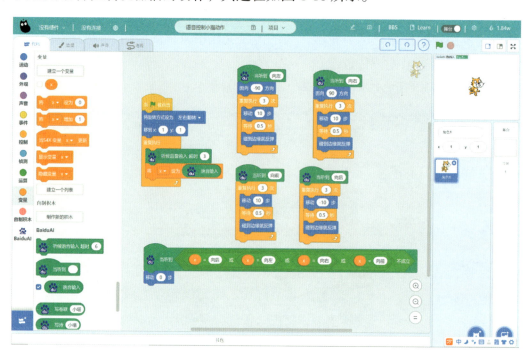

图1-18 语音控制机器猫动作

在上面的范例程序中，为了实现对语音识别结果的判断，引用了百度大脑插件中的指令；为了排除其他语音识别结果的干扰，引用了运算模块中的逻辑指令，逻辑表达式中嵌套使用四层逻辑或运算指令，保证了只有"向前""向后""向左"和"向右"四个指令才能让机器猫动起来。

三、诗词小达人

中华文化博大精深，每一首诗词背后都有一位知名的诗人。你能够说出机器猫提问的诗词名对应的作者吗？

编程实现能做诗词小达人的机器猫，其过程如图1-19所示。

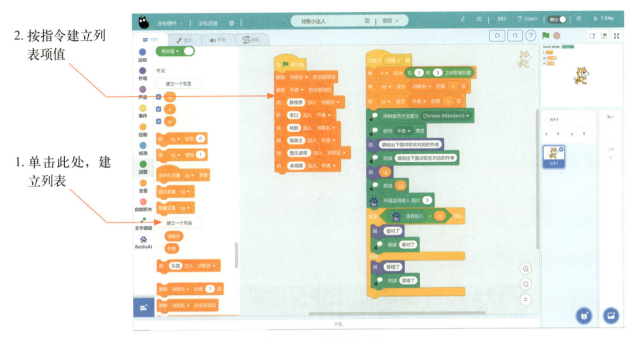

图1-19　诗词小达人

在上面的范例程序中，我们引入了变量模块中的数据结构列表，把三首诗词及其对应的作者分别加入诗词列表和作者列表；又引入了运算中的随机数，用来随机调取列表中的诗词名及其对应的作者；在程序中我们还引入了判断结构，用于判断作者名的语音识别结果是否正确。

● 实验

1. 如何提高诗词与对应作者判断的准确性？
2. 进一步添加列表中的诗词名及对应的作者，让诗词小达人变得更加聪明起来。
3. 修改程序，让诗词小达人的诗词知识更加丰富。

● 实施

各小组根据所选定的小项目主题及拟定的小项目方案，结合本节所学知识，实施相关活动，创作小项目作品。

● 展评

各小组运用数字可视化工具，将所完成的小项目成果，在小组和全班中，或在网络上进行展示与交流，进一步优化方案，迭代改进，完善作品。

 人工智能

第五节　视频侦测初探

● 情境

宁静的夜色中，繁华的城市，万家灯火，人工智能可以守护平安家园，大大减轻安防工作的人力负担。

● 问题

如何编程实现机器猫的警戒任务角色？

● 规划

智能安防机器猫，如图 1-20 所示。

图 1-20　智能安防机器猫

● 选题

请同学们以 3～6 人组成一个小组，选择下面一个参考主题，或者自拟一个感兴趣的主题，开展一个小项目的学习。

1. 智能校园小卫士。
2. 汽车安全警报器。
3. 宝宝智能看护。

● 规划

各小组根据本组的小项目主题，参照项目范例的样式，利用思维导图工具，制订相应的项目方案。

一、启用摄像头

摄像头在社会生活中的应用越来越普遍，拍摄的视频数据越来越海量，对视频数据的分析需求也越来越大。智能视频侦测的应用，特别是智能安防产品不仅在家庭、社区、交通管理、公共安全等领域得到大量应用，而且在智慧教育领域也崭露头角。

人工智能对摄像头抓取的视频图像进行分析比对，进行智能处理和统计分析后做出判断响应，无须人工干预和处理，这样大大减轻了人力负担。人工智能对于摄像头没有特殊要求，只要能正常地采集图像就可以了。

启用摄像头，给人脸加面具，代码如图1-21所示。

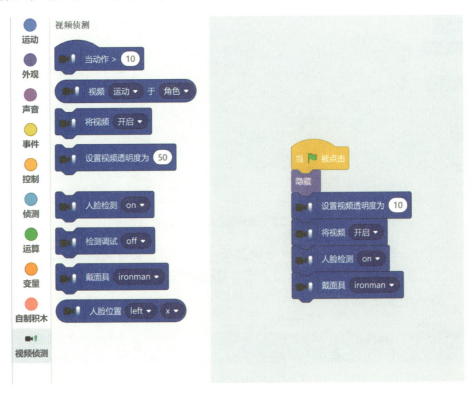

图 1-21　开启摄像头

在上面的范例中，我们调用了视频侦测插件中的四个指令。其中指令 ![将视频开启] 用于开启摄像头，当修改开启参数为关闭时还可用于关闭摄像头；指令 ![人脸检测on] 用于打开摄像头的人脸检测功能，可以对图像中的人脸收集各种信息，包括人脸的边界值及双眼、口和鼻的位置信息；指令 ![戴面具ironman] 用于给人脸图像加上面具，它总共提供了七种面具类型，大家可以通过修改该指令的参数来尝试不同的面具。

二、简单动作侦测

视频侦测插件提供了丰富的指令来完成视频侦测任务。我们可以利用其中的指令做智能安防的原型程序。开启摄像头，保持对视野范围内的监控，如果看到有动静，就发出警报。

使用摄像头编制智能安防程序，代码如图1-22所示。

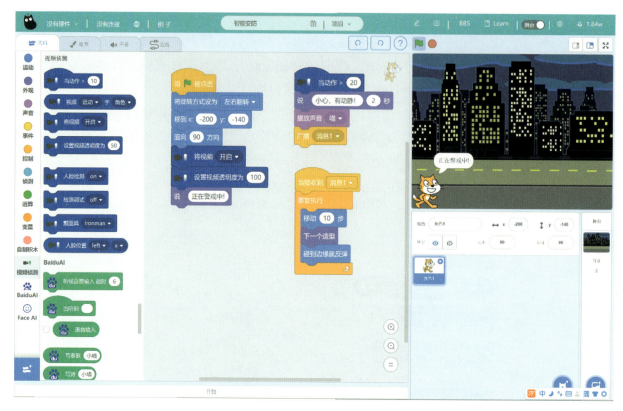

图1-22 编制智能安防程序

在上面的范例中，我们使用了三个视频侦测指令，其中，指令 用于将透明度调整为100，这样可以不显示摄像头拍摄的图像；指令 用于让机器猫来感知视频的动作幅度，动作幅度越大，越容易触发事件。

三、互动小游戏

视频侦测插件还可以检测视频中拍摄到的人脸的各种坐标信息，通过对坐标数据的引用，可以设计出更好玩的人机互动小游戏，不用键盘鼠标，直接移动脑袋玩游戏。快点让我们来尝试一下吧。

设计一个通过移动脑袋来控制角色接苹果的互动小游戏。

游戏背景：金秋时节，丰收的季节，成熟的苹果从树上落下，快点面对镜头移动脑袋来控制小人接住苹果吧。接不住的苹果就会落在地上裂开，你有五次接苹果的机会。游戏界面如图1-23所示。

游戏中使用了苹果和小人两个角色，每个角色都需要编写代码。其中相对比较复杂的角色是苹果，代码如图1-24至图1-26所示。

图 1-23　互动小游戏

图 1-24　游戏初始化代码

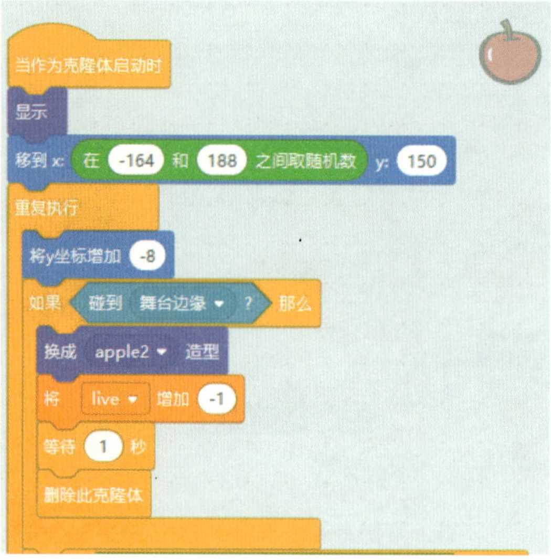

图 1-25　苹果克隆体上半部分代码

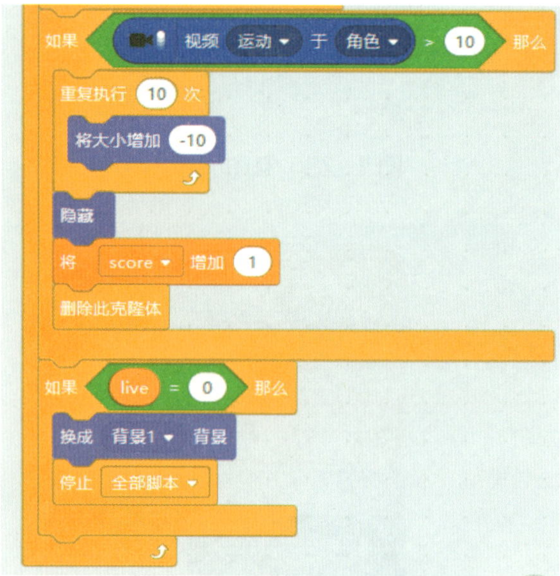

图 1-26　苹果克隆体下半部分代码

苹果角色中使用了视频侦测插件中的指令 [视频 运动 于 角色] 来侦测摄像头中的图像相对于苹果角色的动作幅度，当动作幅度大于10时就代表接到苹果。小人角色是由视频侦测得到的图像中人脸的鼻子位置来控制移动坐标的，代码如图 1-27 所示。

小人角色的 x 坐标调用了指令 [人脸位置 nose x] 来得到人脸的鼻子 x 坐标数据，y 坐标使用了常量。这样小人就会根据鼻子的水平位置改变来左右移动了。

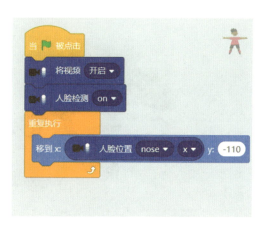

图 1-27　小人角色代码

● 实践

尝试修改程序，让小人移动得更灵活一些。

● 实施

各小组根据所选定的小项目主题及其拟定的小项目方案，结合本节所学知识，实施相关活动，创作小项目作品。

● 展评

各小组运用数字可视化工具，将所完成的小项目成果，在小组和全班中，或在网络上进行展示与交流，进一步优化方案，迭代改进，完善作品。

第六节　智能识物

● 情境

小明与同学们一同去野外游玩，各种各样的动植物跃入大家的视野。

小红：咦，这朵花我从来没见过，小明，你知道这是什么花吗？

小明：我也不认识。不过我们应该可以编程让机器猫帮我们识别。

小红：那我们去探究探究吧。

● 问题

如何让机器猫能够智能识物？

● 范例

智能识物作诗机器猫，如图 1-28 所示。

人工智能

图1-28 智能识物作诗机器猫

● 选题

请同学们以3～6人组成一个小组，选择下面一个参考主题，或者自拟一个感兴趣的主题，开展一个小项目的学习。

1. 识别汽车小专家。
2. 识别菜品高手。
3. 智能小百科专家。

● 规划

各小组根据本组的小项目主题，参照项目范例的样式，利用思维导图工具，制订相应的项目方案。

一、智能识动物

人工智能技术的发展使得计算机对视频图像的分析处理能力大大提高，通过机器学习训练的人工智能可以智能识物，分辨图像中的物品。下面就让我们来一起动手，编程调用人工智能来完成智能识物。

百度大脑可以识别各种各样的物体，也可以识别特定种类的物体。在动物类别中可以识别数千种动物，快来试一下吧。

编程调用百度大脑完成动物识别任务，代码如图1-29所示，舞台背景中集成了多个动物图片，如图1-30所示。

被识别的动物图片保存在背景中，通过单击机器猫角色来随机切换图片，然后按下空格键开始识别图片中的动物，当然也可以上传新的动物图片来进行识别。

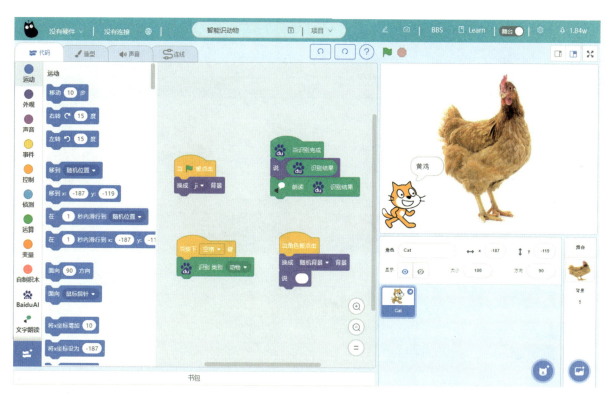

图 1-29 智能识别动物代码

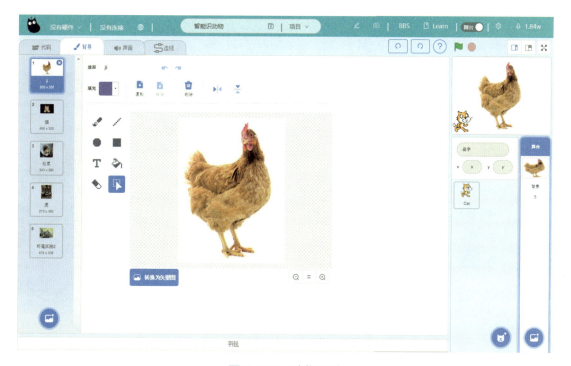

图 1-30 动物图片

二、智能识蔬菜

百度大脑可以支持识别超过 20000 种通用植物和近 8000 种花卉，还可以识别图片中的果蔬。

人工智能

编程调用百度大脑完成蔬菜识别任务，代码如图1-31所示，舞台背景中集成了多个蔬菜瓜果图片，如图1-32所示。

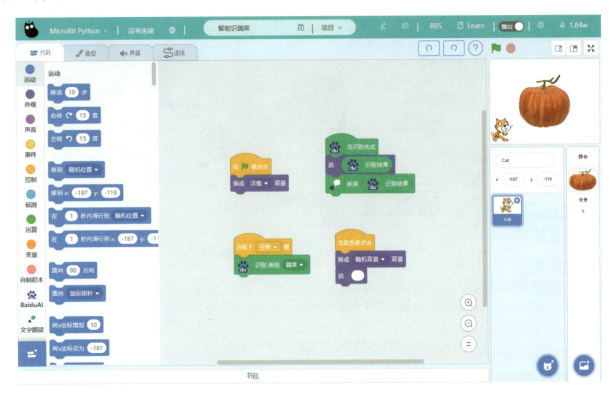

图1-31　智能识别蔬菜代码

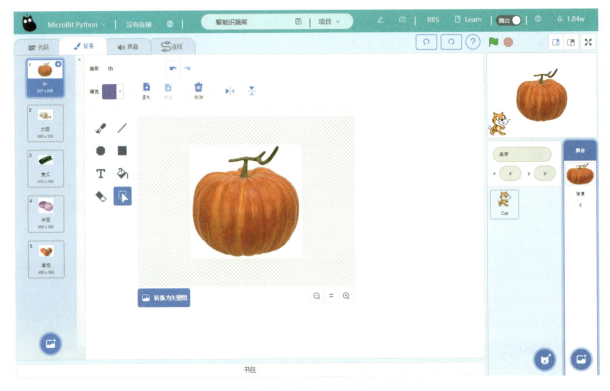

图1-32　蔬菜图片

三、智能识物作诗

通过插件来调用百度大脑，演示识别六种物品类别，如图1-33所示。真正的百度大脑的功能更为强大。我们可以调用百度大脑来进行指定主题的诗歌创作和春联创作，快来试一下吧。

图1-33　智能识物类别

编程调用百度大脑完成识物作诗任务，代码如图1-34所示，舞台背景中集成了多个盆栽图片，如图1-35所示，程序根据智能识别结果自动作诗。

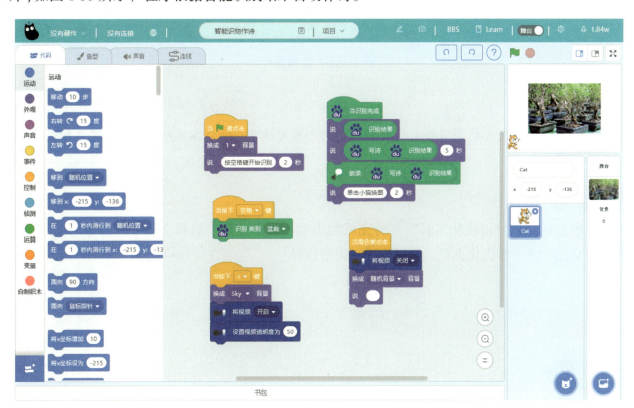

图1-34　智能识物作诗代码

智能识物也可以调用摄像头直接识别盆栽图像，按下字母C键来打开摄像头，当摄像头拍摄的图像中出现盆栽时，再按空格键进行识别。

人工智能

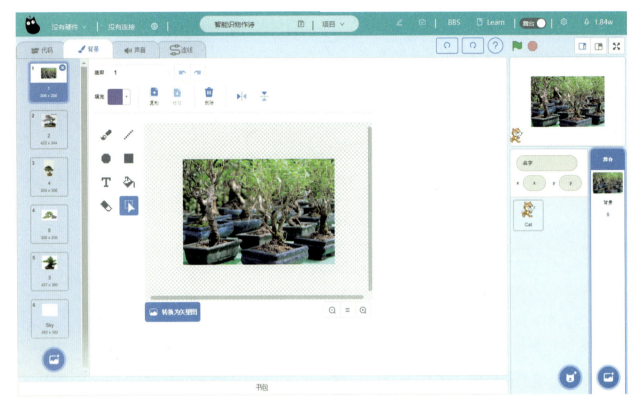

图1-35 盆栽图片

● 实施

各小组根据所选定的小项目主题及其拟定的小项目方案，结合本节所学知识，实施相关活动，创作小项目作品。

● 展评

各小组运用数字可视化工具，将所完成的小项目成果，在小组和全班中，或在网络上进行展示与交流，进一步优化方案，迭代改进，完善作品。

第七节 人脸识别

● 情境

小明：我查了一些资料，说人脸识别是视频侦测中最重要的应用之一。我国的人脸识别技术已经处于世界第一梯队，能让机器记住每个人的样子，只要让它看到图片或照片，就能识别出来。

小红：那我们也应该可以让机器猫实现人脸识别吧。

小明：肯定行。我们一起来实践一下吧。

- 问题

如何编程让机器猫准确识别人脸？

- 范例

会人脸识别的机器猫，如图1-36所示。

图1-36　会人脸识别的机器猫

- 选题

请同学们以3～6人组成一个小组，选择下面一个参考主题，或者自拟一个感兴趣的主题，开展一个小项目的学习。

1. 会判断颜值的机器猫。
2. 会判断皮肤状态的机器猫。
3. 智能考勤小助手。

- 规划

各小组根据本组的小项目主题，参照项目范例的样式，利用思维导图工具，制订相应的项目方案。

一、智能识别年龄

我国的人脸识别技术起步于20世纪90年代，现在我国的人脸识别技术已经达到世界一流水平。深度学习技术已让计算机的人脸识别能力超越人类的识别程度。

编程让机器猫来识别摄像头前的人物的年龄，代码如图1-37所示。

人工智能

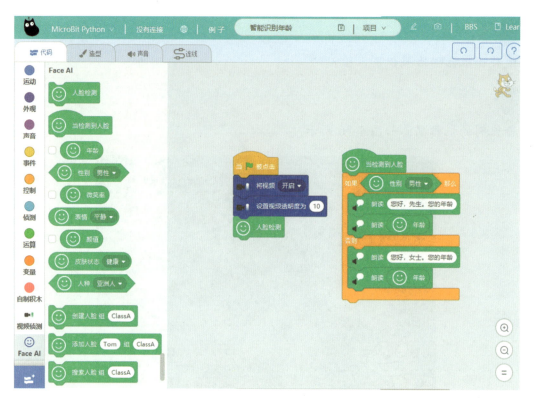

图1-37 会人脸识别的机器猫代码

本项目中引用了新的插件Face AI（见图1-38），它可以访问我国旷视科技公司的人工智能开放平台，调用人脸识别、车牌识别、文字识别等多种计算服务。程序先引用视频侦测插件的开启摄像头指令，然后调用指令人脸检测；当检测到人脸时，就可以获得基于人脸分析的性别、年龄、表情、颜值、皮肤状态等各种数据，根据相关数据可以进行各种应用开发。本项目中引用了性别和年龄数据，程序可以自动识别摄像头前的人物的性别和年龄并反馈给用户。

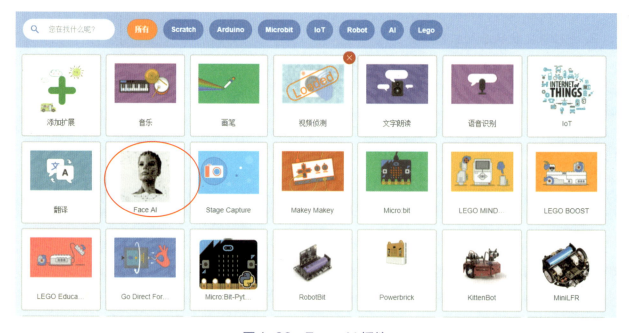

图1-38 Face AI 插件

二、智能人脸录入

旷视的人工智能平台还可以识别人脸并且把对应的姓名等相关信息保存在云服务器上一段时间，我们可以利用此项功能来存放相应的智能应用用户的人脸识别数据，以方便日后的人脸自动识别。

编程让机器猫来录入摄像头前的人物的图像和姓名，代码如图1-39所示。

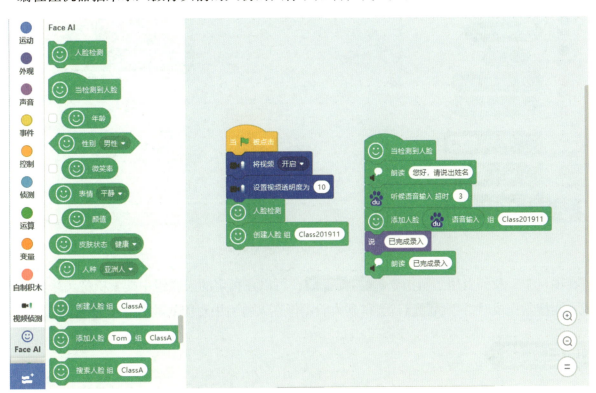

图 1-39 人脸录入代码

在代码中使用指令 ，生成一个可以保存多张人脸图像数据的数组 Class201911，这个组名在实际应用时需要用户自行重命名以防重复。当检测到人脸后调用指令 完成对用户姓名的语音输入采集工作，并保存姓名到数组中以对应检测的人脸图像。

● 讨论

如何采集不同人的人脸数据和姓名到同一个组中？

三、智能人脸辨认

完成了人脸录入后，我们就可以利用人脸组数据来完成人脸辨认工作了。

编程让机器猫来辨认摄像头前的人物的姓名，代码如图1-40所示。

人工智能

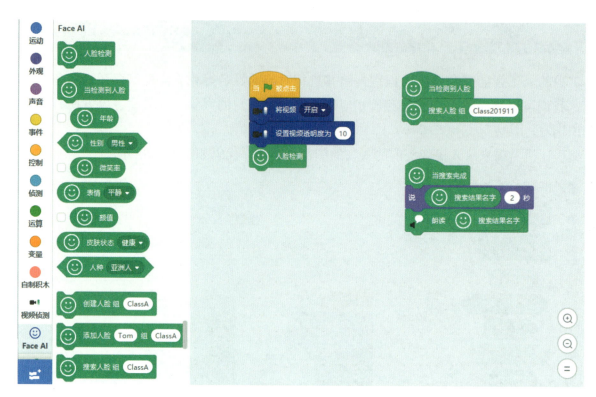

图 1-40　人脸辨认代码

在项目中，我们引用了新指令 `搜索人脸 组 Class201911`，可以在指定的人脸组中搜索摄像头采集的人脸图像，当搜索完成时指令 `当搜索完成` 就会得到人脸图像在人脸组中对应的姓名数据 `搜索结果名字`。

● 项目实施

各小组根据项目选题及拟定的项目方案，结合本章所学知识，按照项目进度实施相关活动，完成大项目作品。

● 成果交流

1. 各小组运用数字可视化工具，将所完成的项目成果，在小组和全班中，或在网络上进行展示与交流。

2. 根据别人的意见和建议，进一步优化方案，迭代改进，完善作品。

● 活动评价

各小组根据项目选题、拟定的项目方案、实施情况以及所形成的项目成果，根据本书附录的"项目活动评价表"，开展项目学习活动评价。

本章扼要回顾

【知识与技能】

同学们通过本章学习,根据"体验人工智能"的知识结构图,扼要回顾,总结、归纳学过的内容,建立自己的知识结构体系,如图1-41所示。

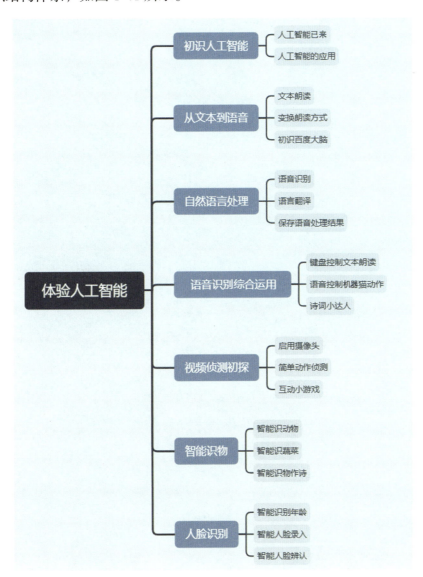

图1-41 "体验人工智能"知识结构图

人工智能

回顾与总结

第二章

编程控制机器人

随着科学技术的飞速发展，机器人已经进入了社会生活的各个层面。从工业自动化生产机器人到家居智能机器人，从单兵机器人到生命搜救机器人，各式各样的智能机器人在为人类服务。2019年1月3日，随着"嫦娥四号"成功着陆在月球背面，玉兔二号开始在月球巡视探测，我国开启了太空探索的新纪元，这更离不开智能机器人技术。

本章通过能力风暴虚拟教育机器人平台，以编程控制机器人闯关项目范例，引领同学们进行自主、协作、探究学习，让同学们体验智能控制机器人的魅力，了解机器动作的编程实现方法，学习创新技能，具备创新意识，从而将知识建构、技能培养与思维发展融入运用数字可视化工具解决问题和完成任务的过程中，促进创新思维的发展，完成项目学习目标。

第一节　简单动作机器人
第二节　组合动作机器人
第三节　迷宫机器人
第四节　巧用延时指令
第五节　清洁机器人
第六节　测距机器人
第七节　巡线机器人
第八节　高台机器人

 人工智能

项目范例：机器人闯关

● 情境

小红：在机器人竞赛中，那些编程控制机器人闯关的选手真令人羡慕。可惜，我们没有机器人，无法感受那种闯关的乐趣。

小明：现在，仿真技术发展很快，虚拟机器人平台可以从网上下载使用，我们也可以借助虚拟机器人仿真技术编程控制虚拟机器人的行为。

小红：真的吗？那我们马上行动，一起去尝试如何编程让机器人闯关吧，如图2-1所示。

图2-1 机器人闯关

● 主题

机器人闯关。

● 规划

根据项目主题，在小组中讨论项目的基本功能模块，制订项目学习规划，如图2-2所示。

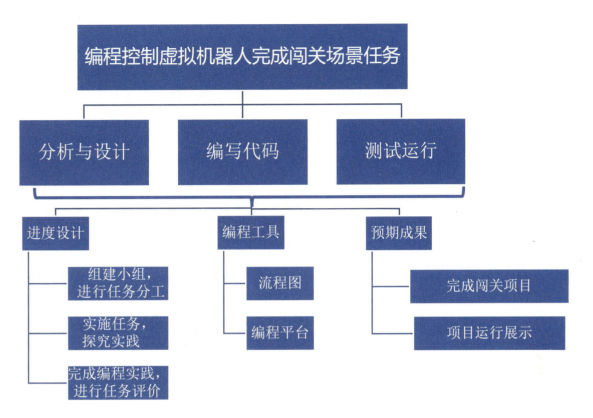

图 2-2　项目学习规划

● **探究**

根据项目学习规划安排，通过讨论分析、实施，开展"机器人闯关"项目学习探究活动。

● **实施**

实施项目学习各项探究活动，深入了解如何编程控制智能机器人。

● **成果**

在开展项目范例学习的小组活动中，完成对项目范例的功能规划与设计，运用恰当的编程平台进行探究实践活动，形成最终智能机器人控制程序，并通过实际运行和测试，展示项目范例学习成果。

● **评价**

对项目范例的学习过程和学习成果在小组和班级上进行交流，开展项目活动评价。

● **项目选题**

同学们以 3～6 人组成一个小组，选择下面的参考主题，也可自拟一个相关主题，开展项目学习。

人工智能

1. 编程控制机器人完成闯关比赛任务。
2. 编程控制机器人完成家庭场景任务。
3. 编程控制机器人完成城市场景任务。

● 项目规划

各小组根据项目选题，参照项目范例的样式，制订相应的项目方案。

● 方案交流

各小组将完成的方案在全班进行展示交流，同学们共同探讨，完善各自的项目方案。

● 探究活动

请同学们通过本章各节中一个个小项目的探究合作学习，为实施大项目计划做好充分的知识、技能储备。

第一节　简单动作机器人

● 情境

能做简单运动的机器人如图 2-3 所示。

我是机器人小a，我可以前进、后退和拐弯哟

图 2-3　能做简单运动的机器人

● 问题

如何让机器人完成简单的运动任务？

- 选题

请同学们以 3～6 人组成一个小组，选择下面一个参考主题，或者自拟一个感兴趣的主题，开展一个小项目的学习。

1. 能前进、能后退的机器人。
2. 能跳舞的机器人。
3. 能走正方形的机器人。

- 规划

各小组根据本组的小项目主题，参照项目范例的样式，利用思维导图工具，制订相应的项目方案。

从本节开始，我们利用能力风暴虚拟教育机器人平台，以编程的方式控制机器人的动作和行为。

一、控制机器人前进

编程控制机器人最重要的基础之一就是控制机器人的简单运动，机器人的动作依赖于各种不同的电机来实现。智能机器人的基本运动包括前进、后退、拐弯等动作。每一种动作都需要控制轮子电机来实现，一般来说，轮子电机按布局位置分为左右两侧，通过两侧电机的速度差来实现不同的动作效果。要想精准控制机器人运动，就要思考如何根据场地实际情况来完成对电机的参数设置和时间控制。

控制机器人直行前进并碰到小球，如图 2-4 所示。

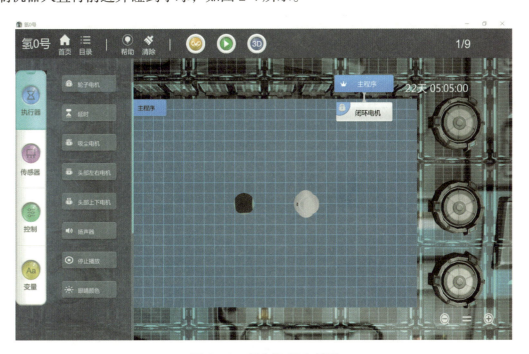

图 2-4　控制机器人前进

机器人执行器的第一个部件就是轮子电机,它用于控制机器人两侧的车轮。拖动该图标至右侧主程序图标的下方,两个图标会自动连接,你会注意到轮子电机的名称默认是闭环电机。删除多余图标只需要拖动图标到界标左侧垃圾桶图标处即可。

单击闭环电机图标,在弹出的对话框中设置电机属性,如图2-5所示。

图2-5 轮子电机设置

首先轮子电机的类型是闭环电机,速度输出稳定,能够实现精准控制。"左速度"用于控制左侧轮子的速度,"右速度"用于控制右侧轮子的速度;速度值为 -60 ~ 60 之间的整数,设置两个速度同为20时,机器人按最高速度的1/3直行前进。单击 按钮运行程序。

● 思考

机器人的前进速度值为负数时,机器人会怎样运动?要想让机器人停止前进,怎么办?

二、控制机器人后退

机器人要想实现后退运动非常简单,只需要修改左右电机的速度同为负数即可,负数越小,后退速度越快,最大后退速度为 -60。

控制机器人直行后退并碰到小球,如图2-6所示。

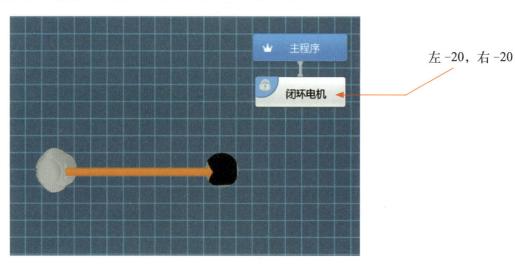

图2-6 后退动作程序

机器人在后退时，也可以参考网格确定后退距离，通过增加延时秒数来控制后退距离。在程序最后增加设置电机速度都为 0 时，机器人停止不动。

三、控制机器人精确动作

在控制机器人前进时，如何精准控制机器人的前进距离呢？我们需要通过设定轮子电机的运行时间来控制距离。

控制机器人前进并碰到小球，任务分析如图 2-7 所示。

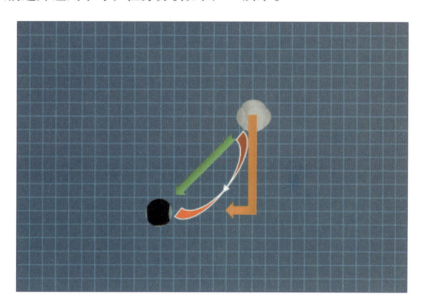

图 2-7　任务分析

在上面的任务分析中，设计了三条线路来解决问题，当然还有其他线路也可以解决问题。我们以橙色线路解决方案来掌握机器人动作控制的常用技巧。

解决方案的思路都是通过分解任务步骤来完成的，橙色方案立足于走直线的思路来解决问题，这种思路实现起来最为简单直接。解决方案具体步骤分解为：直行→拐弯→直行。

● 讨论

直行的距离应该是多少？

我们注意到任务图中有网格，以机器人身体的中心为起点，通过计算网格的数量就可以明确机器人前进的距离，到达拐弯点共有 6 格；向右拐直角弯后再前进 6 格就可以成功碰到小球。

1. 控制机器人精确前进

控制机器人前进 6 个网格距离并停止，代码如图 2-8 所示。

第一个图标闭环电机参数设置，以控制直行速度，第二个是执行器的延时图标，设置参数为 6 秒，最后一个图标闭环电机参数默认值为 0，表示电机静止，机器人停止前进。如果没有最后一个图标，即使延长时间到了，电机也会保持最后一次设置的速度运动。

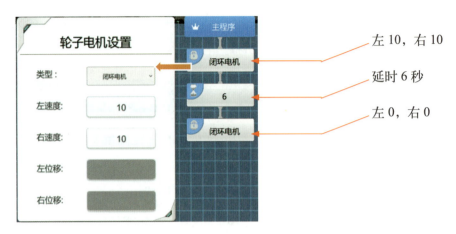

图 2-8 引用延时 6 秒

● 思考

要提高机器人的运动速度并且控制前进的距离为 6 格，闭环电机的速度值和延时长度怎么修改？完成表 2-1。

表 2-1 计算电机速度、延时和前进距离

左右速度	延 时	前进距离
10	6	6
20	3	6
30	2	
40		6
50		6
60	1.5	
v	n	s=

● 实验

请尝试修改上面程序中闭环电机的速度，让机器人快速完成指定的前进距离。

2. 控制机器人精确拐弯

橙色方案的第一步已经顺利完成，第二步需要完成对于拐弯动作的精准控制。机器人的拐弯动作也是通过控制左右电机速度差来完成的。

常用的拐弯动作有两种方式来实现，一种是原地旋转，即左右电机一起相互反向转动；另一种是单侧转动，就是一边电机速度为 0，另一侧电机前进或后退。这两种方式的旋转中心点是不同的，根据实际情况需要确定旋转方式。拐弯角度用拐弯速度和延时长度来精准控制。

控制机器人向右拐弯 90 度，代码如图 2-9 所示。

图 2-9 向右拐弯 90 度

程序中第三个图标原来的作用是停止前进，现在设置左电机速度为 24，右电机速度为 0，实现向右拐弯；第四个图标为延时 1 秒，最后一个图标还是让机器人左右速度为 0，停止拐弯。

● 讨论

1. 拐弯的角度如何精准控制？
2. 还有其他的速度设置方式来实现同样的拐弯效果吗？为什么不采用中心旋转方式？
3. 要提高机器人的拐弯速度实现向不同方向拐不同的角度，闭环电机的左右速度值和延时长度怎么修改？完成表 2-2。

表 2-2 计算电机速度、延时和拐弯方向角度

左速度	右速度	延 时	拐弯方向角度
24	0	1	单侧向右拐弯 90 度
0	24	1	
24	0	0.5	
0	16	1	
48	0		单侧向左拐弯 90 度
12	-12	1	原地向右拐弯 90 度
-12	12	1	原地向左拐弯 90 度

3. 控制机器人精确运动

掌握了精确控制机器人的直行距离和拐弯方向角度的技术后，就可以通过上述动作的组织控制机器人完成精确运动了。

编程实现橙色方案，控制机器人精确碰到小球，具体如图2-10所示。

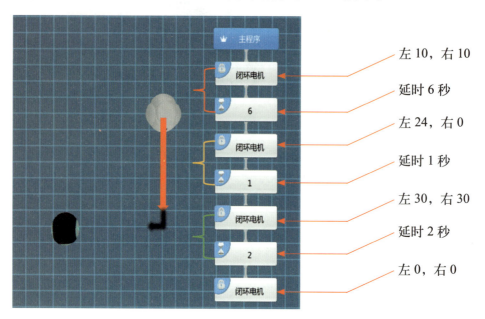

图2-10 控制机器人精确运动

● 思考

1. 在程序中，右拐弯动作采用了单侧旋转方式，如果修改成原地旋转方式，程序需要做什么修改？

2. 请考虑如何实现另外两种解决方案来控制机器人精确运动碰到小球。

● 实施

各小组根据所选定的小项目主题及其拟定的小项目方案，结合本节所学知识，实施相关活动，创作小项目作品。

● 展评

各小组运用数字可视化工具，将所完成的小项目成果，在小组和全班中，或在网络上进行展示与交流，进一步优化方案，迭代改进，完善作品。

第二节 组合动作机器人

● 情境

小红：机器人的前进、后退都是直线运动，能不能让机器人转弯呢？

小明：我们可以运用数学和工程知识，实现机器人转向或沿弧线运动。

小红：那我们试试看该如何编程？

● 问题

如何控制机器人完成组合动作?

● 范例

能推动两个球的机器人,如图2-11所示。

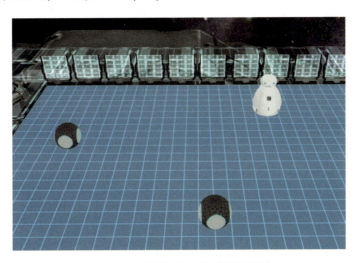

图 2-11 能推动两个球的机器人

● 选题

请同学们以3～6人组成一个小组,选择下面一个参考主题,或者自拟一个感兴趣的主题,开展一个小项目的学习。

1. 会刹车的机器人。
2. 会撞球的机器人。
3. 能持球慢走的机器人。

● 规划

各小组根据本组的小项目主题,参照项目范例的样式,利用思维导图工具,制订相应的项目方案。

机器人在现实场地上运动是没有网格线来参考计算距离的,我们往往需要反复测试来调整控制机器人的电机参数和相应的延时时间。但是不管是精准计算还是概略估计,都需要对机器人的动作调整有个标准值来参照。另外在虚拟环境下往往不能模仿现实世界中的惯性问题。当任务不同时,注意机器人运动的基准值有可能会出现误差。

一、大角度转向运动

在上一节中,我们已经掌握了控制机器人直行和拐弯的基准参数,在估计机器人的动作角度时,我们可以直接估算相应参数。

编程控制机器人碰到小球，具体如图 2-12 所示。

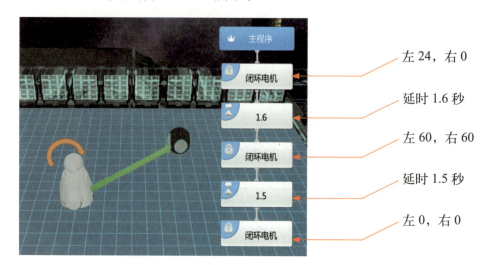

图 2-12　大角度转向运动

上面的程序中拐弯角度大约为 145 度，直行距离大约为 9 个网格。拐弯动作以 90 度为基准，相应的闭环电机参数左右速度差为 24，延时 1.6 秒时可以实现拐弯 145 度。直行距离以 1 个网格宽度为基准，对应的闭环电机左右速度同为 60，延时 1.5 秒时可以实现前进 9 格。

二、弧线运动

机器人在场地上运动时，经常会遇到障碍而不能自由规划路线，这就需要通过走弧线来完成。弧线运动是通过设置左右电机同向运动的速度差来实现的，同向速度差越大，弧度越大，延时越长，弧线越长。

编程控制机器人绕过障碍碰到小球，具体如图 2-13 所示。

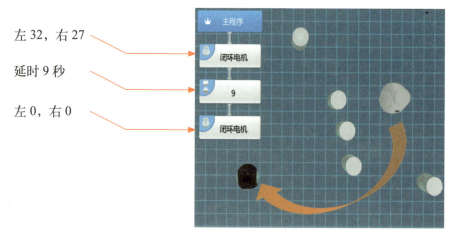

图 2-13　弧线运动控制

● 思考

当左右电机同向、速度不同但速度差相同时，机器人运动的弧度是否相同？修改程序中的左右电机速度值，尝试完成碰撞小球的任务。

三、连续弧线运动

机器人在场地上运动时，直线运动和直角拐弯最容易控制。弧线运动往往需要反复测试，连续弧线运动更是需要耐心细致地分段测试。在解决问题时要根据需要灵活地选择运动方式。

编程控制机器人碰到场地上的两个小球，如图 2-14 所示。

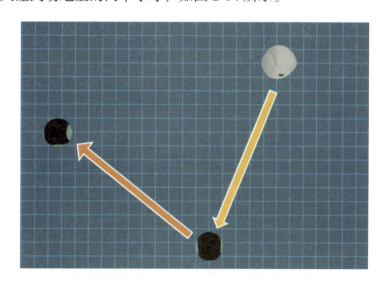

图 2-14　连续弧线运动分析

在场地上运动并不一定全部采用直线和直角拐弯方式，可以根据需要控制机器人做连续弧线运动。第一段黄线可以考虑沿弧线同时实现转弯和前进，当碰到小球时直接转弯正向对准第二个小球，然后走直线。程序代码如图 2-15 所示。

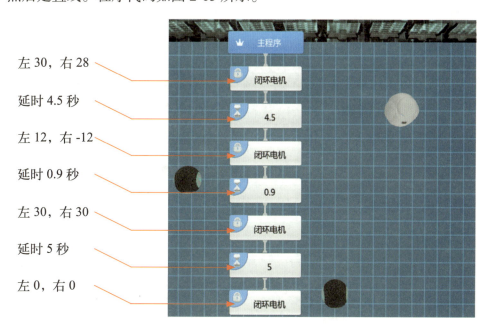

图 2-15　程序代码

在上面所有的程序中,大家可以注意到程序代码都是从上到下依次排列,按顺序执行的,这种结构称为顺序结构。随着代码量的不断增加,我们需要考虑优化代码或者采用子程序方式来复用代码。

四、认识子程序

子程序是主程序的子模块,由一个或多个语句组成,用于实现特定的功能。子程序可以按功能划分并重新命名,把需要多次重复使用的多个语句包含在一个子程序中,就可以做到一次编写,反复调用。

编写子程序控制机器人碰到场地上的两个小球,如图2-16所示。

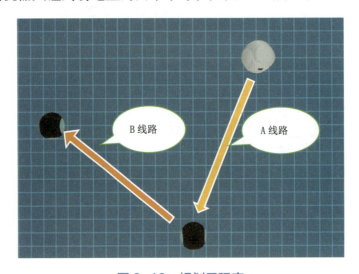

图2-16 规划子程序

子程序的编写非常简单,第一步先按图2-17所示完成子程序的编写工作,编写完成子程序后,还要重命名子程序1为A线路。

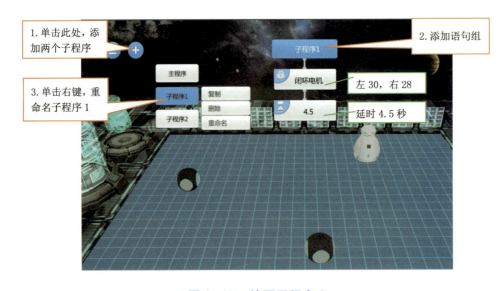

图2-17 编写子程序1

完成子程序 1 的编写和重命名工作后，接着完成子程序 2 的编写工作，如图 2-18 所示。

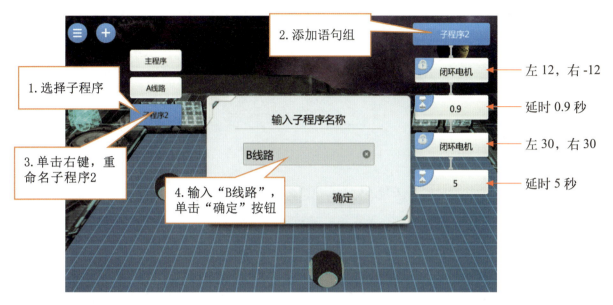

图 2-18　编写子程序 2

完成两个子程序的编写后，就要回到主程序实现对两个子程序的调用了，如图 2-19 所示。

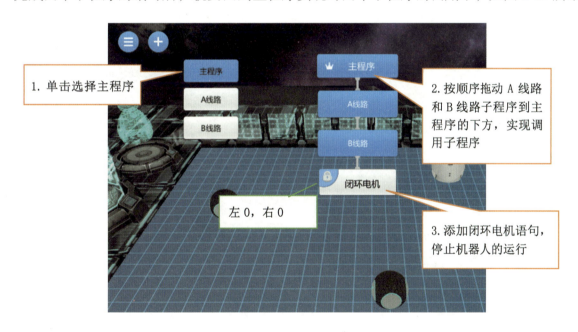

图 2-19　编写主程序

通过编写和调用两个子程序，主程序的代码量大大减少，根据实际需要，对于子程序可以反复调用。子程序的使用只是对语句组的包装，并没有改变程序的顺序结构特征。

● 实施

各小组根据所选定的小项目主题及拟定的小项目方案，结合本节所学知识，实施相关活动，创作小项目作品。

● 展评

各小组运用数字可视化工具，将所完成的小项目成果，在小组和全班中，或在网络上进行展示与交流，进一步优化方案，迭代改进，完善作品。

第三节　迷宫机器人

● 情境

太空机器人不仅要能做复杂的组合动作，还要能应对复杂的迷宫环境。如果机器人处于迷宫之中，该如何让其走出迷宫呢？快点来开动脑筋，尝试编写实现机器人走出迷宫的程序。

● 问题

怎么让机器人走出迷宫？

● 范例

能走出迷宫的机器人，如图 2-20 所示。

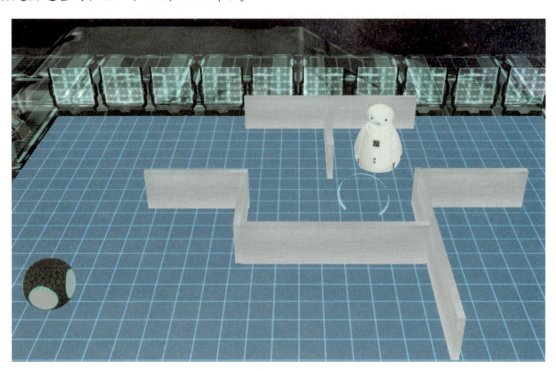

图 2-20　能走出迷宫的机器人

● 选题

请同学们以 3～6 人组成一个小组，选择下面一个参考主题，或者自拟一个感兴趣的主题，开展一个小项目的学习。

1. 会后退走迷宫的机器人。
2. 会弧线走迷宫的机器人。
3. 灵活运用子程序控制迷宫机器人。

规划

各小组根据本组的小项目主题，参照项目范例的样式，利用思维导图工具，制订相应的项目方案。

随着任务越来越复杂，代码越来越长，我们需要考虑利用算法结构来优化程序。机器人程序往往完成的都是可以重复执行的任务，关键是要厘清哪些动作是可以重复执行的。

一、使用子程序

机器人走迷宫，很多路线是相同的，可以使用相同的子程序来完成，而不论什么样的迷宫，拐弯动作总是可以规划成向左拐弯和向右拐弯两个子程序来实现。

编程控制机器人走出迷宫，碰到小球，任务如图2-21所示。

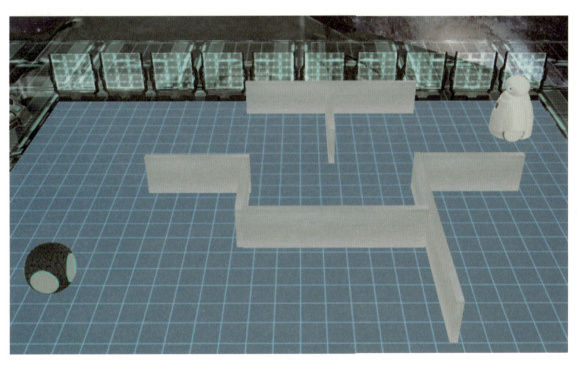

图2-21 迷宫任务

机器人要走出迷宫，必须规划好线路及走法，如图2-22所示。

人工智能

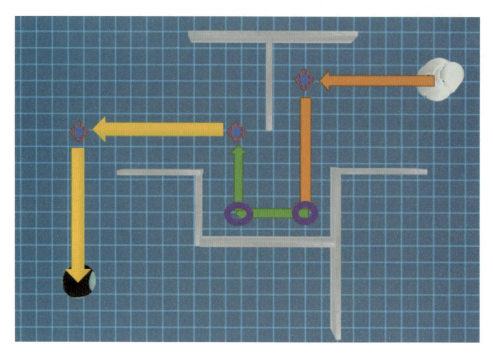

图 2-22 迷宫任务分析

从任务分析图中我们可以清晰地看出，整个走迷宫过程可以由 6 段线路和 5 个拐弯组成，所有动作完成共需要 22 个指令。但是由于其中同色的线路和拐弯可以重复调用同一个子程序来实现，每个子程序对应一个走直线动作或拐弯动作，因此主程序指令可以优化到调用 5 个子程序。

实践

请根据任务分析图，填写表 2-3。

表 2-3 任务分析表

图 标	作 用	电机参数	延 时
← (橙)	前进 7 格	左 35，右 35	2
← (绿)			
← (黄)			
◆			
○			

创建各任务子程序，完成主程序代码的编写，如图 2-23 所示。

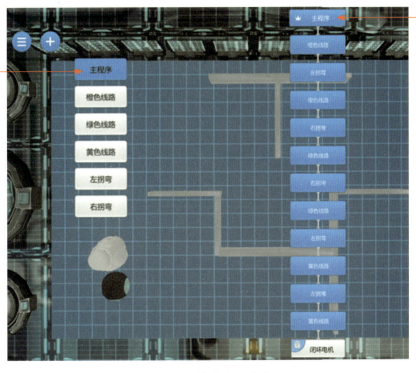

图 2-23　迷宫主程序代码

主程序的基本框架已经有了，现在只要分步完成子程序，并分步测试程序，根据测试情况再逐步修改子程序代码就可以完成所有程序的编写工作。

编写橙色线路子程序，代码如图 2-24 所示。

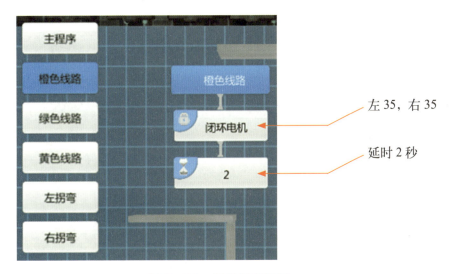

图 2-24　橙色线路代码

绿色线路和黄色线路子程序代码根据表 2-3 的数据分析逐个实现并进行测试。在迷宫中拐弯动作的旋转方式直接影响机器人下一步的状态，需要认真思考并进行测试。

测试机器人运行过程并修正相应参数需要耐心细致地工作，在测试过程中要认真观察机器人的运动状态和相应指令语句的预想效果是否一致，如果不一致的话应该做怎样的修改。

二、初识循环语句

进一步分析上面的程序代码，我们可以发现有部分子程序调用是重复两次执行的，对于这种重复执行的指令可以使用控制结构中的循环语句进一步优化程序。

1. 调用多次循环语句

使用循环结构进一步优化程序，如图 2-25 所示。

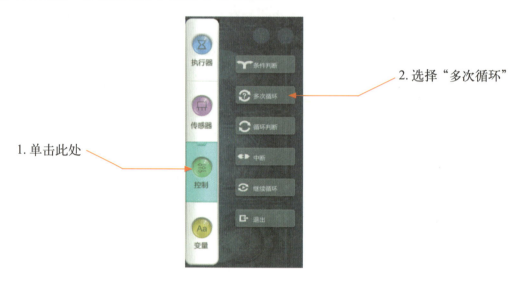

图 2-25　调用多次循环语句

2. 设置循环次数

完成主程序修改，如图 2-26 所示。

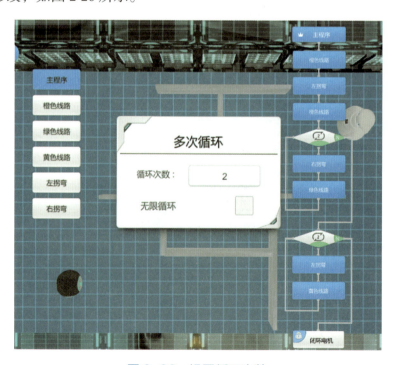

图 2-26　设置循环次数

在上面的程序中，我们调用了两次多次循环语句，请同学们思考为什么橙色线路无法使用循环语句。

解决问题总是可以有多种方案，程序还可以进一步优化，请同学们头脑风暴，积极思考还有没有其他解决方案。

三、机器人推箱子

推箱子游戏同学们可能都比较熟悉，控制机器人把箱子推到场地的指定位置需要认真规划线路，优化路线设计，争取最优效率完成。机器人推箱子需要尽量保持机器人车身正面对准箱子。

把箱子推到场地上的指定位置，任务如图2-27所示。

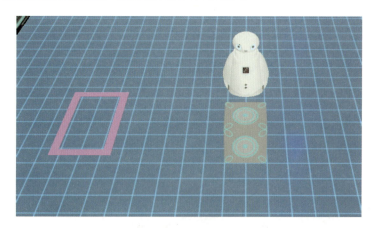

图2-27　推箱子任务

分析：机器人需要正面对准箱子，参考规划线路及走法如图2-28所示。

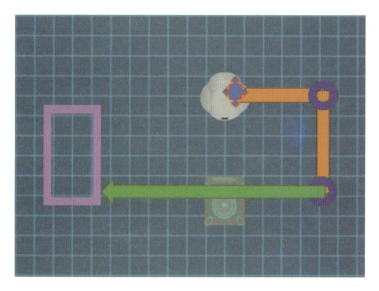

图2-28　推箱子任务分析

● 实践

1. 请根据任务分析图，填写表2-4所示任务分析数据。

表 2-4　任务分析表

图标	作用	电机参数	延时（秒）
◆	原地向左旋转 90 度	左 -12，右 12	1
← (橙)			
← (绿)			
○			

2．通过任务分析，可以发现机器人有些操作是重复的，你发现了吗？重复操作可以应用循环语句来控制。

编写程序，控制机器人完成推箱子的任务，程序如图 2-29 所示，请补充完成图中闭环电机的参数。

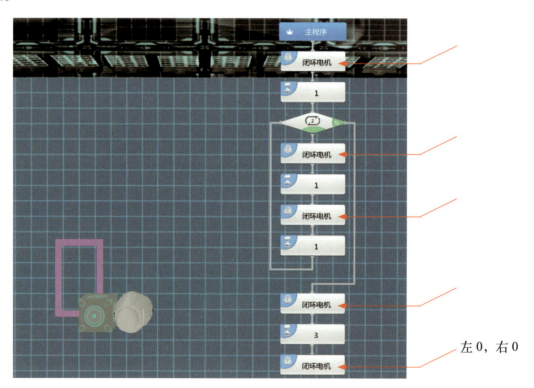

图 2-29　推箱子程序代码

● 讨论

1．大家可以发现上述程序的代码量太大，能否通过子程序来设计各段线路和拐弯动作完成程序编写任务呢？你还有其他推箱子的方案吗？

2.今天所学的知识还可以用在生活中的哪些地方？

● 实施

各小组根据选定的小项目主题及拟定的小项目方案，结合本节所学知识，实施相关活动，创作小项目作品。

● 展评

各小组运用数字可视化工具，将所完成的小项目成果，在小组和全班中，或在网络上进行展示与交流，进一步优化方案，迭代改进，完善作品。

第四节　巧用延时指令

● 情境

太空机器人完成各种各样的任务，延时指令发挥了重大作用。让我们深入研究，让机器人更加智能，动作更加精准。

● 问题

如何有效运用延时指令？

● 范例

会绕柱转圈的机器人，如图2-30所示。

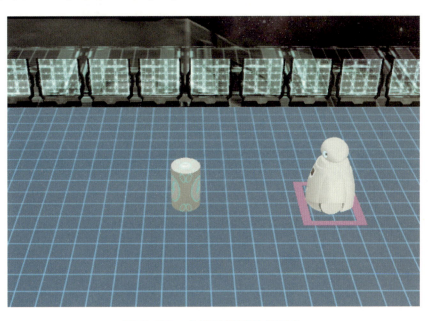

图2-30　会绕柱转圈的机器人

● 选题

请同学们以 3～6 人组成一个小组，选择下面一个参考主题，或者自拟一个感兴趣的主题，开展一个小项目的学习。

1. 会走圆弧的机器人。
2. 会走曲线的机器人。
3. 会走长方形的机器人。

● 规划

各小组根据本组的小项目主题，参照项目范例的样式，利用思维导图工具，制订相应的项目方案。

机器人控制指令中最常用的指令之一就是延时，它可以精确地控制每个电机指令的执行时间，让机器人灵活地完成各种复杂的任务。

一、穿越障碍墙

机器人在现实中处理的任务往往会比较复杂，需要我们能精确地完成动作时机的选择。使用延时指令处理各种情况就是最简单有效的方法之一。

编程控制机器人穿越障碍墙，到达目标区，任务如图 2-31 所示。

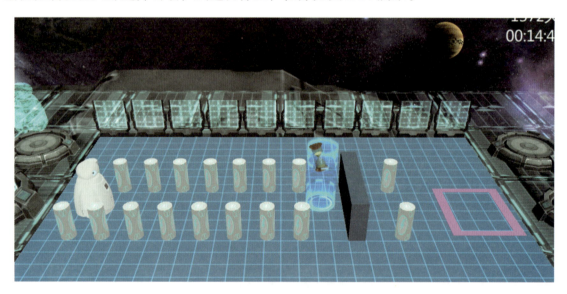

图 2-31 穿越障碍墙任务

在此次任务中，机器人要穿过隧道，碰到光环时，障碍墙将会左右摆动，机器人必须等待时机穿越障碍墙到达目标区内。任务分析如图 2-32 所示。

整个任务按照不同目标划分为两个阶段。第一个阶段完成橙色线路，具体动作就是前进一定距离并等待一定时间；第二个阶段就是完成绿色线路，具体动作就是前进一定距离到达目标区。参考场地上的网格，请大家填写任务分析表（见表 2-5）。

等待时间需要根据障碍墙的实际摆动情况来确定，任务分析时只能估计。编程控制机器人时同学们一定要优先考虑使用子程序来完成分段任务，这样思路清晰，调试方便。主程序代码如图 2-33 所示。

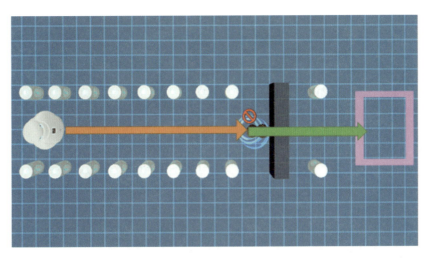

图 2-32　穿越障碍墙任务分析

表 2-5　任务分析表

图　标	作　用	电机参数	延时（秒）
➡	前进 ____ 格	左 _____， 右 _____	
🚫	等待		
➡			

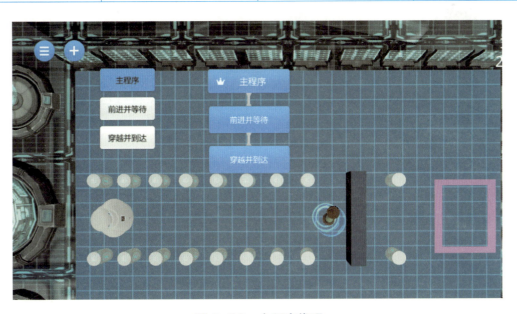

图 2-33　主程序代码

主程序中定义了两个子程序,其中,"前进并等待"子程序完成第一阶段任务;"穿越并到达"子程序完成第二阶段任务。子程序的代码如图 2-34 和图 2-35 所示,其中,闭环电机的参数请大家根据任务分析表自行确定,延时时长根据实际情况可以再修改。

图 2-34　子程序 1 代码

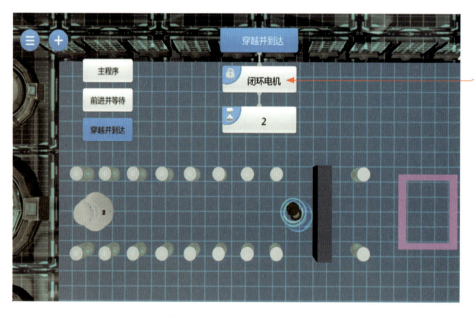

图 2-35　子程序 2 代码

● 思考

穿越障碍墙还有没有其他解决方案?

二、前后推球

机器人在场地上的动作往往是前后相关、相互影响的。动作控制需要思前想后,不能简单而论。严谨细致是必要的编程习惯。

编程控制机器人推动场地上的两个小球进入 U 形框，任务如图 2-36 所示。

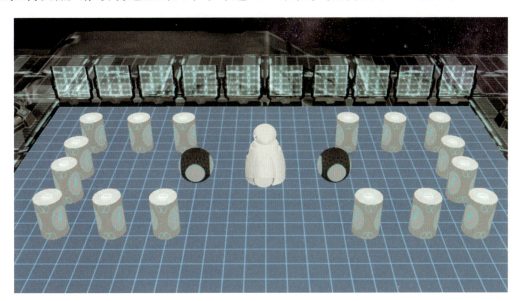

图 2-36　前后推球任务

● 实验

1. 是不是任务非常简单呢，如果你认为不需要进一步分析的话，请直接填写任务分析表（见表 2-6）。

表 2-6　任务分析表

动　作	电机参数	延时（秒）	累计调试次数
前进 ____ 格	左 _____， 右 _____		
后退 ____ 格			

2. 请直接完成前进后退推球的程序编写，如果程序经过多次调试，请在表 2-6 内填入累计调试次数。

三、绕圈运动

控制机器人做复杂运动需要做好规划工作，把任务进行分解，然后逐个解决是个很好的方法。机器人在场地上围绕某中心点做绕圈运动时，怎样才能规划好线路，这是对计算思维的考验。快点来完成挑战吧。

编程控制机器人绕过障碍回到起点区，任务规划如图 2-37 所示，程序代码如图 2-38 所示。

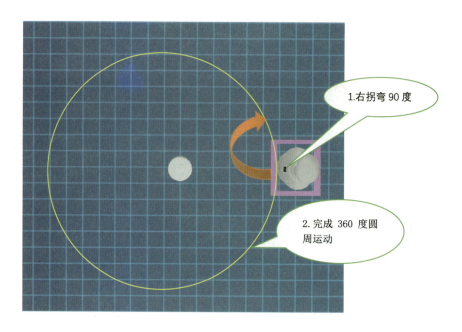

图 2-37 任务规划

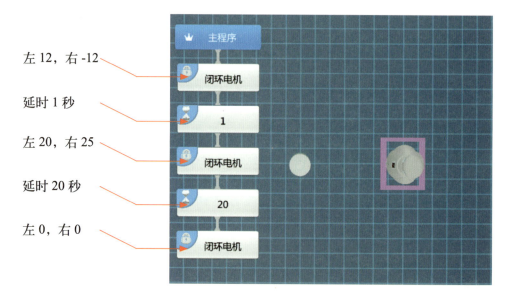

图 2-38 编写代码

在程序中，机器人第一步做了原地中心向右旋转 90 度；第二步做了 360 度圆周运动，左右速度差值为 5 时，由于每次拐 90 度弯要延时 5 秒完成，绕 360 度共需要延时 20 秒。不同的电机速度导致转弯半径不同，需要对电机速度做概略估算。

● 思考

还有没有更直观的方法完成绕圈任务？

四、再用循环结构

把圆周运动分解为 4 个 90 度圆弧运动，这样更直观，更容易理解，实现起来就需要用到控制结构中的多次循环语句。循环结构主要用于把重复执行若干次的动作包括到循环体中，这样可以有效地简化程序代码，提高程序的执行效率。

使用循环结构控制机器人绕过障碍回到起点区，程序代码如图 2-39 所示。

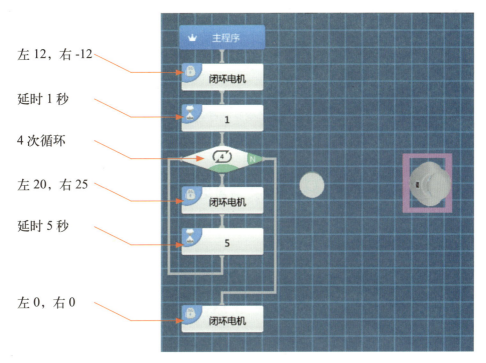

图 2-39　应用循环结构

其中，4 次循环的语句从控制结构中引用，相关操作及参数设置如图 2-40 和图 2-41 所示。

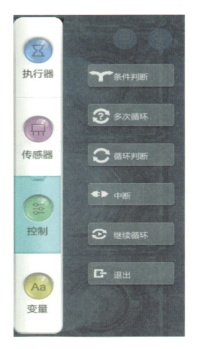

图 2-40　调用控制结构中的多次循环

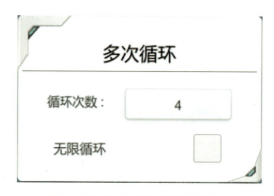

图 2-41　设置多次循环参数为 4

● 思考

打开思路，围绕着中心走一圈是否一定要走圆周运动，走正方形或者长方形行吗？若行，应怎样实现？

● 实施

各小组根据所选定的小项目主题及拟定的小项目方案，结合本节所学知识，实施相关活动，创作小项目作品。

● 展评

各小组运用数字可视化工具，将所完成的小项目成果，在小组和全班中，或在网络上进行展示与交流，进一步优化方案，迭代改进，完善作品。

第五节　清洁机器人

● 情境

在现代家居生活中，清洁机器人已经成为很常见的家用智能电器。想象一下，白天家中无人，机器人在家里自动完成清洁工作。晚上，一家人回到家里，房间打扫得干干净净，多么让人惬意。

● 问题

如何让机器人高效地完成清洁工作？

● 范例

清洁机器人，如图 2-42 所示。

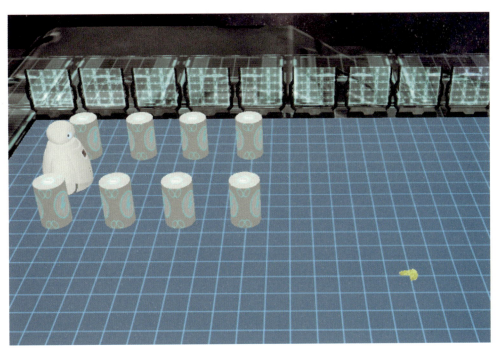

图 2-42 清洁机器人

● 选题

请同学们以 3～6 人组成一个小组，选择下面一个参考主题，或者自拟一个感兴趣的主题，开展一个小项目的学习。

1. 会后退清洁的机器人。
2. 能巡游全场的机器人。
3. 能转圈清洁的机器人。

● 规划

各小组根据本组的小项目主题，参照项目范例的样式，利用思维导图工具，制订相应的项目方案。

一、场地巡航

机器人要完成清洁工作，必须要规划好线路，在场地上进行巡航行进，才能确保场地打扫得干干净净。

编程控制机器人完成场地上 3 个定点的逆时针或顺时针巡航，任务如图 2-43 所示。

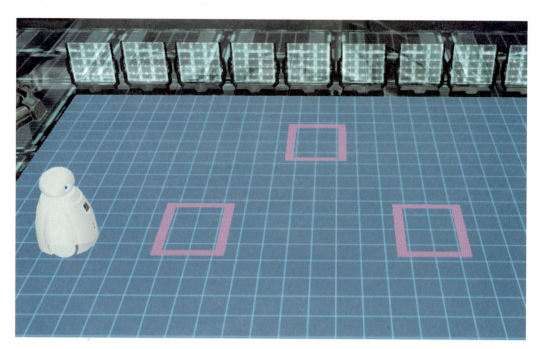

图 2-43 定点巡航任务

在编写程序前对任务认真细致地进行分析,是非常必要的环节。分析过程消耗的时间会在编程环节大大节省下来。场地上有三个定点,但是分析思路要更开阔一些,多设想一些解决方案,再选择最优方案进行实现。任务分析如图 2-44 所示。

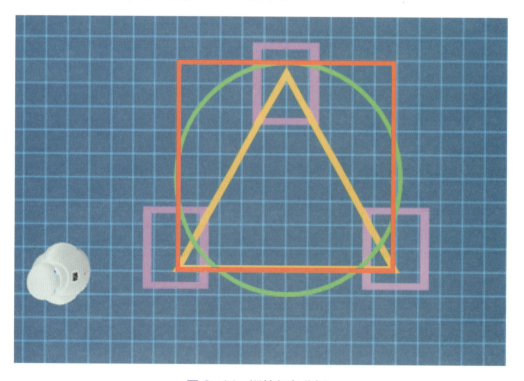

图 2-44 巡航任务分析

在图 2-44 所示的三个解决方案中,分别采用不同方式的巡航线路。各个方案各有特点,分别适用于不同的清洁场景。我们以红色方案为例来编制程序,主程序代码如图 2-45 所示。

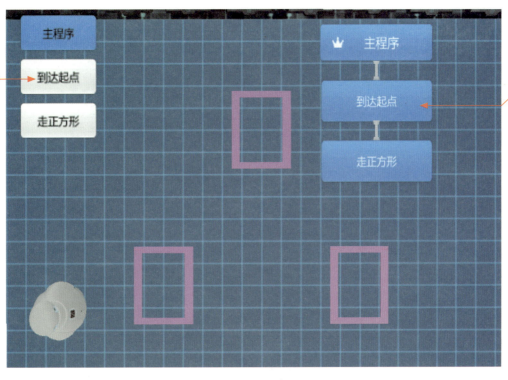

图 2-45 巡航任务主程序代码

主程序中调用了两个子程序,"到达起点"为一个子程序,"走正方形"为第二个子程序。"到达起点"子程序代码如图 2-46 所示,"走正方形"子程序代码如图 2-47 所示。

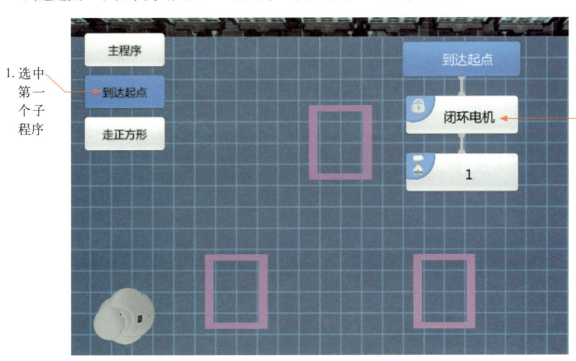

图 2-46 "到达起点"子程序代码

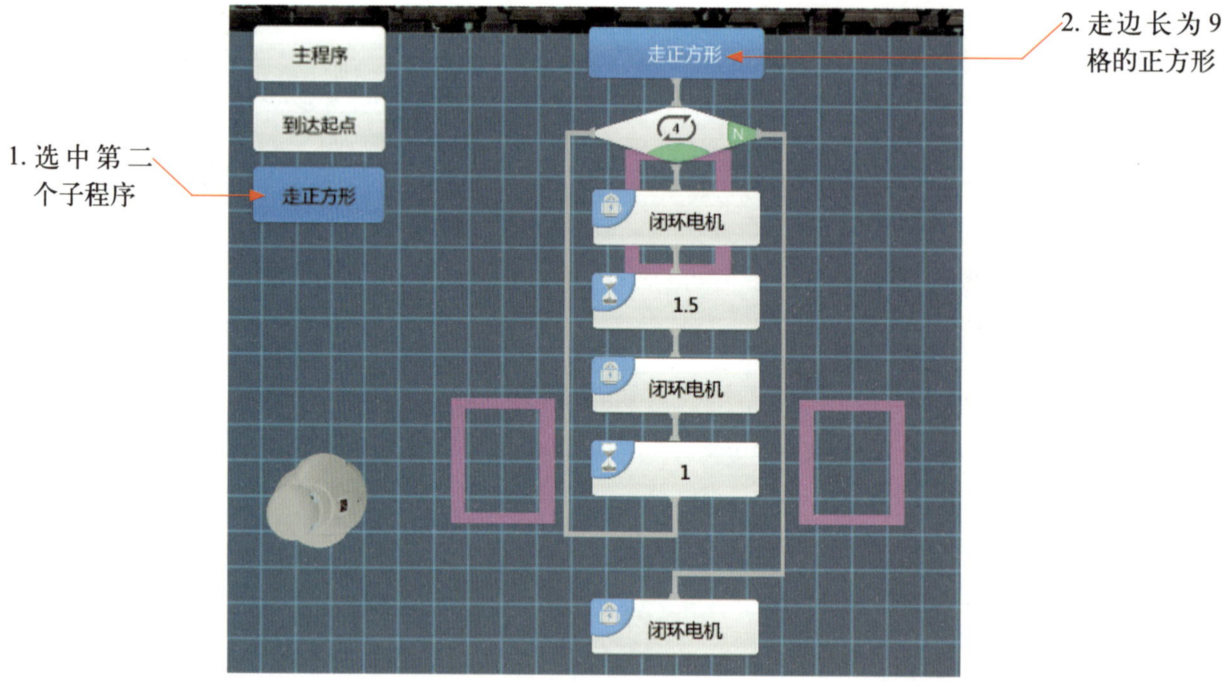

1. 选中第二个子程序

2. 走边长为9格的正方形

图 2-47 "走正方形"子程序代码

"走正方形"子程序采用多次循环语句，共执行4次循环。每一次循环都要前进9格，然后原地向左旋转90度完成转向，实际上程序只需要执行三次循环就完成了巡航任务。

二、启动吸尘电机

机器人执行任何动作，都需要相应的电机来控制。清洁机器人使用闭环电机完成巡航线路移动工作，还需要用吸尘电机来进行清洁工作。两种电机相互配合，共同完成清洁工作。

编程控制机器人完成清除场地垃圾任务，如图2-48所示。

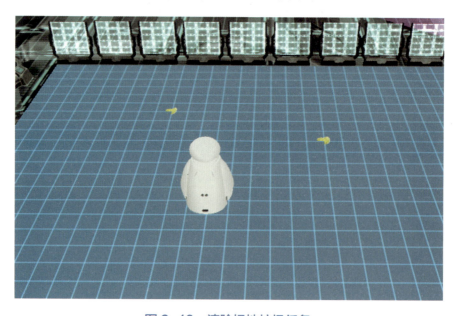

图 2-48 清除场地垃圾任务

清洁机器人要想完成清洁任务，第一步就是要开启吸尘电机，吸尘电机功率的参数可调大也可调小，默认是20。然后调用"巡航"子程序完成对场地的线路巡航，清除路线上的垃圾。主程序代码如图2-49所示。

图2-49 清除场地垃圾主程序代码

要清除垃圾，还要设定巡航路线，通过编写"巡航"子程序来完成，场地上只有两处垃圾，大家可以自行尝试编写"巡航"子程序，"巡航"子程序代码可参照图2-50。

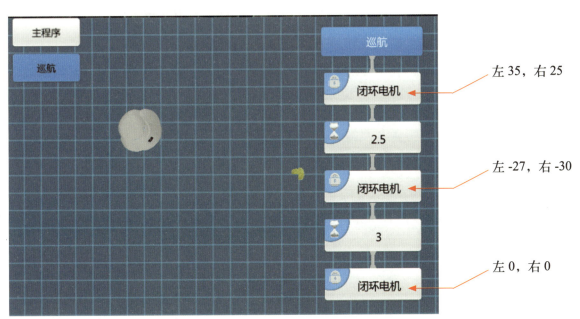

图2-50 "巡航"子程序代码

子程序的代码也可以单独运行测试，选择"巡航"子程序，直接单击 ▶ 按钮，就可以运行程序查看机器人巡航线路是否可以扫到线路上的垃圾。可以多尝试几种巡航方案。

三、穿越隧道去清洁

场地上可能会有各种各样的隧道或障碍，但解决方案都是一致的，根据场地上的情况，规划好巡航线路，到达垃圾所在地，最后完成清洁任务。

编程控制机器人穿越隧道完成清洁任务，如图 2-51 所示。

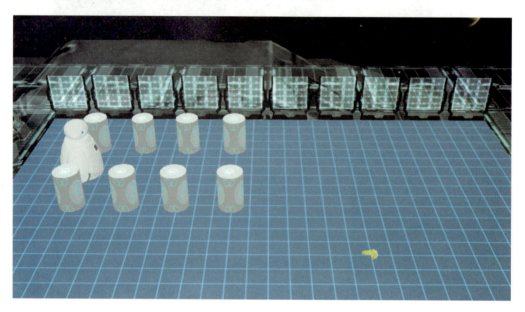

图 2-51 穿越隧道完成清洁任务

在任务中隧道穿越难度并不大，关键是如何把巡航线路确定好，经过了前面的训练，应该可以比较容易地确定以下两种方案：第一种方案就是先走直线再拐弯再直走，第二种方案就是先直走再走弧线。任务分析如图 2-52 所示。

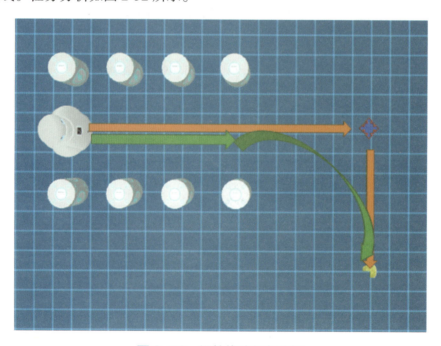

图 2-52 巡航线路任务分析

无论采用哪种巡航线路，在主程序中我们都要调用吸尘电机，为了提高清洁功率，可设置吸尘功率为 30，然后再调用"巡航"子程序。主程序代码如图 2-53 所示。

图 2-53　主程序代码

在"巡航"子程序中，如果采用第一种方案只需要精确控制直线行进距离和 90 度拐弯，请同学们自行完成子程序代码。我们以第二种方案为例，继续研究如何根据场地测试确定弧线的编程控制实现。"巡航"子程序参考代码如图 2-54 所示。

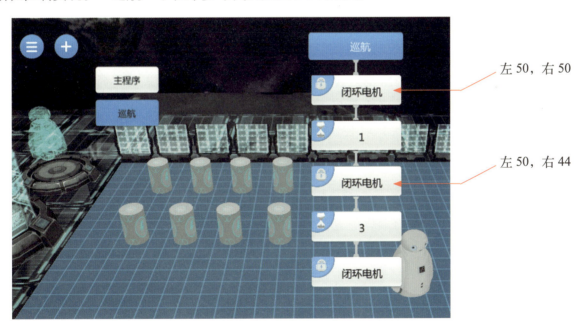

图 2-54　"巡航"子程序参考代码

● 实践

经过了一段时间的练习，我们在编程控制机器人时需要兼顾速度与目标达成效率。请大家修改"巡航"子程序闭环电机的参数和延时时长，尽可能快地完成清洁任务，并根据实际测试情况填写表 2-7。

表 2-7 "巡航"子程序测试数据表

闭环电机 1	延时（秒）	闭环电机 2	延时（秒）	总时长（秒）
左 50，右 50	1	左 50，右 54	3	4

● 实施

各小组根据所选定的小项目主题及拟定的小项目方案，结合本节所学知识，实施相关活动，创作小项目作品。

● 展评

各小组运用数字可视化工具，将所完成的小项目成果，在小组和全班中，或在网络上进行展示与交流，进一步优化方案，迭代改进，完善作品。

第六节 测距机器人

● 情境

小红：我们可以规划机器人的路线，并编程实现。但现实中，机器人所处的环境比较复杂，会遇到很多偶发情况，比如遇到障碍物怎么办？

小明：我想，要让机器人变得比较智能，必须给它增加感知器官。我查阅了有关资料，让机器人具有感官的装置是传感器，比如测距用的超声波传感器，就可以感知距离，让机器人实现避障。

小红：那好啊，我们就先做一个测距机器人吧。

● 问题

如何编程实现机器人避障？

● 范例

会避开障碍物的机器人，如图 2-55 所示。

● 选题

请同学们以 3～6 人组成一个小组，选择下面一个参考主题，或者自拟一个感兴趣的主题，开展一个小项目的学习。

1. 能使用后超声的机器人。

2. 能使用前后超声的机器人。
3. 能使用红外传感器的机器人。

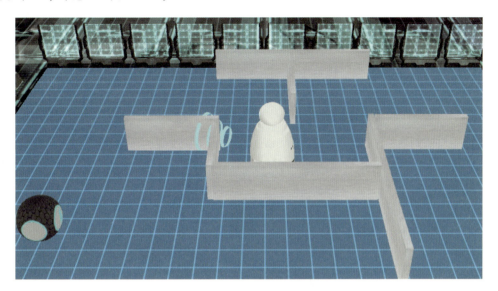

图 2-55　会避障的机器人

● 规划

各小组根据本组的小项目主题，参照项目范例的样式，利用思维导图工具，制订相应的项目方案。

经过了前面的学习，我们已经熟练掌握了机器人的闭环电机控制技巧，但是机器人的智能程度不高，只能按照事先编制的程序完成规定动作。如果场地上有任何变动，程序都需要重新编写。为了增强机器人的感知能力，可以给机器人配置各种各样的传感器来侦测场地情况，然后根据传感器测得的数据应用判断语句进行条件判断，最后选择应该采取的动作。

一、认识超声传感器

蝙蝠可以发射超声波来定位障碍物，即使在黑暗中也能自由飞行。机器人配有两个超声波传感器，位于机器人车身的前方和后方，用于测量机器人与前后障碍之间的距离，返回值在0~200厘米之间，数值越小，说明和障碍之间的距离越小。有了它，机器人也可以像蝙蝠一样定位障碍物了。

在对机器人进行编程时，需要在传感器中选择超声传感器，拖动图标到主程序中即可使用，如图 2-56 所示。

拖动超声传感器到主程序中，"超声传感器"图标默认是前超声，用于测量机器人与前方障碍物之间的距离，测量值保存在变量 utr_1 中，如图 2-57 所示。

机器人在运行状态下，超声传感器可以发射超声波来测量与障碍物之间的距离，如图 2-58 所示。

图 2-56 选择超声传感器

图 2-57 超声传感器参数

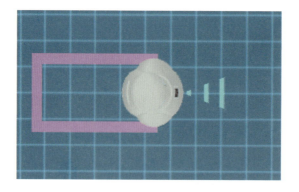

图 2-58 工作中的前超声传感器

使用超声传感器时，测量的与障碍物之间的距离保存在指定变量中，再通过控制结构的条件判断语句来对变量值的大小进行判断，根据判断条件是否成立选择让机器人进行不同的操作，如图 2-59 所示。

图 2-59　条件判断语句

二、触碰箱子

认识了超声传感器，我们就可以根据任务需求来确定是否需要调用超声传感器了。只要场地上有障碍物需要机器人绕行的，就可以考虑使用超声传感器。

编程控制机器人，开启前超声，碰到箱子后回到目标区，任务如图 2-60 所示。

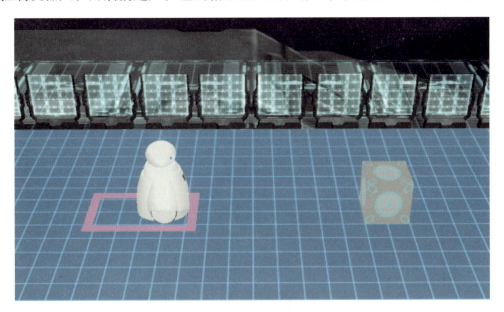

图 2-60　触碰箱子并返回

在任务中，机器人只需要做两个动作，前进和后退。前超声把测量到的机器人与箱子之间的距离保存到变量 utr_1 中。如果变量值 utr_1<1，表示已经碰到箱子将中断前进动作，开始后退；否则就继续前进。主程序代码如图 2-61 所示。

在程序中调用超声传感器时，需要在循环语句中来调用前超声。没错，就是我们前面用过的多次循环，一般情况下都是用无限循环来重复调用超声传感器，每次调用前超声，得到测量的距离值就进行一次条件判断。如果条件 utr_1<1 成立，则代表机器人已经碰到障碍物，就执行中断语句，退出循环；如果条件不成立，机器人就继续前进。

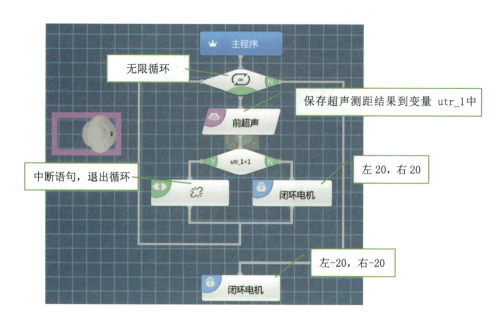

图 2-61 触碰箱子主程序代码

三、使用红外传感器

在上面的实践中，我们学习使用了前超声传感器，我们还可以使用后超声传感器或者红外传感器完成同样的任务。红外传感器和后超声传感器都位于机器人的背部，因此为了正确地使用红外传感器或后超声传感器，在程序的一开始就需要将机器人旋转 180 度，让它的背部对准箱子。

红外传感器也是测距传感器，只不过它发射的是红外线而不是超声波来进行测距，保存测距结果的变量是 ifr_1。它能测量的距离相对超声波传感器来说较短，一般在 25 厘米以内。红外传感器的调用方法和超声传感器完全一致，主程序代码如图 2-62 所示。

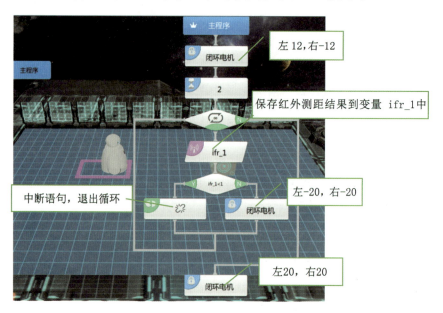

图 2-62 使用红外传感器触碰箱子代码

四、重走迷宫

经过了上面的学习，大家是否会联想到迷宫任务也可通过超声测距的方式来完成呢？这一次我们用子程序来调用前超声传感器。

使用前超声编程控制机器人走出迷宫，子程序代码如图 2-63 所示。

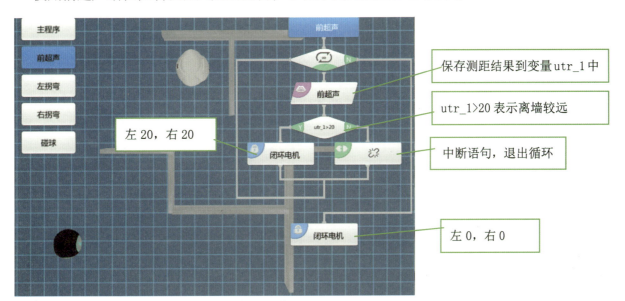

图 2-63 使用子程序调用前超声传感器

上面只给出了前超声的子程序模块，其他子程序模块请大家自行完成，主程序代码如图 2-64 所示。

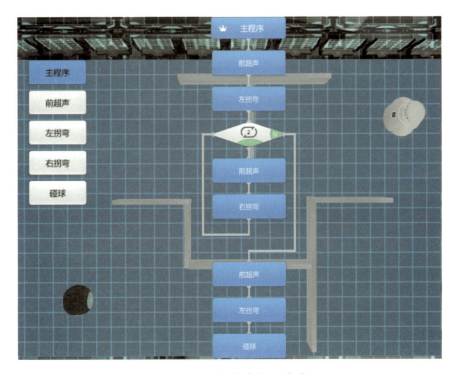

图 2-64 重走迷宫主程序代码

通过学习超声传感器和红外传感器这两个测距传感器，即使复杂的场地障碍，机器人也可以行走自如了。

● **实施**

各小组根据所选定的小项目主题及拟定的小项目方案，结合本节所学知识，实施相关活动，创作小项目作品。

● **展评**

各小组运用数字可视化工具，将所完成的小项目成果，在小组和全班中，或在网络上进行展示与交流，进一步优化方案，迭代改进，完善作品。

第七节　巡线机器人

● **情境**

太空机器人完成各种各样的行进线路，不能只是靠延时来控制，也可以通过检测地面引导线来完成巡航。

● **问题**

如何让机器人巡线行走？

● **范例**

会巡线行走的机器人，如图 2-65 所示。

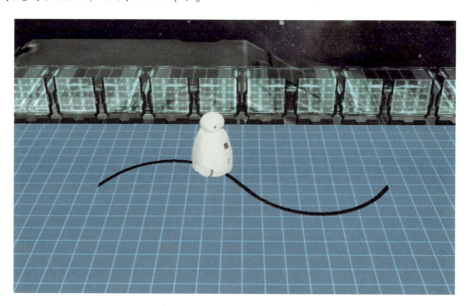

图 2-65　会巡线行走的机器人

● 选题

请同学们以 3～6 人组成一个小组，选择下面一个参考主题，或者自拟一个感兴趣的主题，开展一个小项目的学习。

1. 会后退巡线的机器人。
2. 会使用三个灰度传感器巡线的机器人。
3. 会使用五个灰度传感器巡线的机器人。

● 规划

各小组根据本组的小项目主题，参照项目范例的样式，利用思维导图工具，制订相应的项目方案。

机器人除了可以使用超声和红外传感器，还可以使用灰度传感器来检测场地地面颜色的变化，以区分地面规定线路，从而控制机器人沿着指定线路或区域行进。

一、认识灰度传感器

灰度传感器是利用不同颜色对光的反射程度不同的原理，通过光敏电阻来测量光的反射值，实现地面灰度检测、黑白线区别、简单颜色识别等功能，可用于机器人循迹、机器人地面灰度检测等。颜色越深，返回值越大，当检测到黑色时，检测最大值达 100；颜色越浅，返回值越小，当检测到为白色时，检测最小值为 0。在实际应用前，要使用灰度传感器对场地的不同区域进行实际检测。机器人身体前方底部有 5 个灰度传感器，由左至右编号为 1~5。其中 3 号位于机器人正中间，如图 2-66 所示。

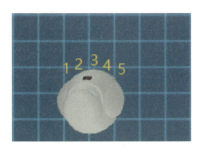

图 2-66　灰度传感器编号

在编程时调用灰度传感器同样需要从传感器栏中拖动"灰度传感器"图标，设置引用的灰度传感器的编号和接收检测光线的返回值变量，如图 2-67 和图 2-68 所示。

在灰度传感器的接口参数中共有 1~5 个接口，分别代表 5 个灰度传感器，变量 grg_1 用于存放灰度传感器接收到的光线检测值。编程时使用判断语句来对变量 grg_1 做出条件判断，根据判断结果让机器人做不同的动作来完成任务。

图 2-67 调用灰度传感器

图 2-68 设置灰度传感器参数

二、单灰度巡线

在场地上巡线时，可以采用单灰度巡线，也可以采用双灰度巡线。我们先从单灰度巡线开始介绍。

使用单灰度传感器，编程控制机器人巡线走完全程，如图 2-69 所示。

单灰度巡线的过程就是让机器人紧贴着黑线来回摆动前进，以 3 号灰度传感器为例，在向黑线摆动过程中，当 3 号检测到黑线时就反向摆动直至离开黑线；当 3 号完全离开黑线，即检测不到黑线时，就再向黑线方向摆动。这样机器人就会沿着黑线方向摆动前进。任务分析如图 2-70 所示。

在机器人开始巡线摆动前，机器人必须先到达黑线的起点附近能接近黑线的位置。机器人位于黑线起点右侧通过向左前方摆动来接近黑线；当机器人检测到黑线时则马上向反方向即右前方摆动。来回摆动重复运行，直到到达黑线终点。程序代码如图 2-71 所示。

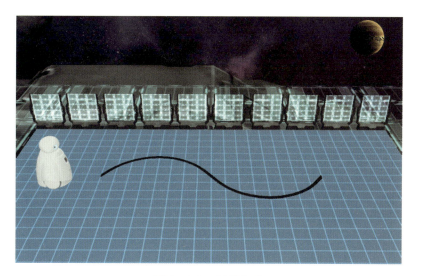

图 2-69　巡线任务

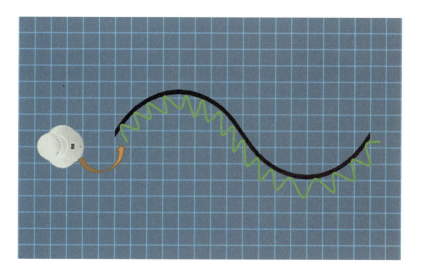

图 2-70　单灰度巡线任务分析

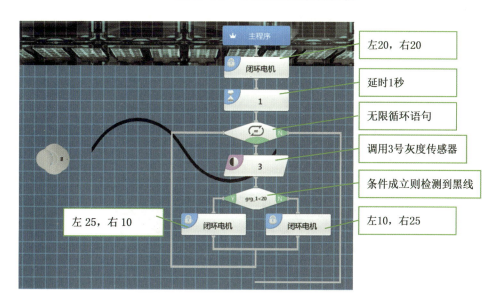

图 2-71　单灰度巡线程序代码

在程序中，判断语句的条件 grg_1<20 表示检测到黑线，当该条件不成立时，表示已检测到白色地面。这是场地的实际测试结果。

● 思考

如果修改程序中灰度传感器的接口为其他接口，机器人可以巡线吗？

三、双灰度巡线

使用单灰度巡线时，对机器人在起点的位置需要事先判断清楚；如果采用双灰度巡线时，就可以充分利用不同位置的灰度来精确判断机器人与黑线的相对位置。

使用双灰度传感器，控制机器人巡线走完全程，任务分析如图 2-72 所示。

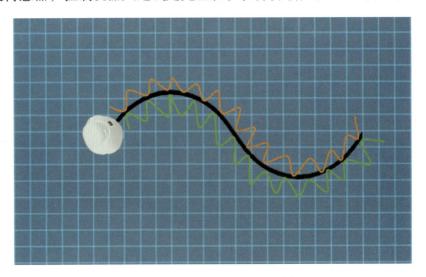

图 2-72　双灰度巡线任务分析

双灰度巡线实际上是单灰度巡线的升级版，机器人先到达起点位置，只要能检测到黑线，就不用考虑机器人起始位置在黑线的左侧还是右侧，都可以完美地确定机器人的前进方向。双灰度巡线用子程序实现，主程序代码如图 2-73 所示。

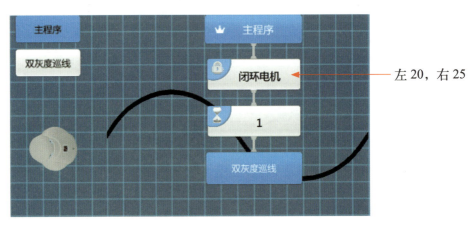

图 2-73　主程序代码

双灰度巡线子程序中调用了位于机器人左侧的 2 号和右侧的 4 号灰度传感器。两个传感器如果同时检测不到黑线，机器人就原地旋转寻找黑线；如果 2 号检测到黑线，4 号没有检测到黑线，表明机器人正在向黑线右侧偏离，需要向左拐弯；如果 2 号没检测到黑线，4 号检测到黑线，表明机器人正在向黑线左侧偏离，需要向右拐弯。子程序代码如图 2-74 所示。

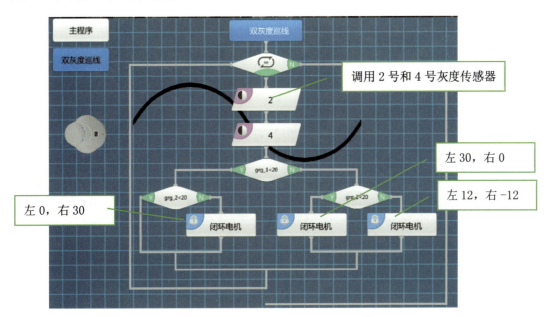

图 2-74　"双灰度巡线"子程序代码

在子程序中，由于需要对两个灰度传感器的检测值进行判断，所以引入了双重条件判断语句。

● 思考

机器人的摆动幅度即左右速度差是越大越好，还是越小越好？请尝试修改程序中的摆动动作的电机参数，观察机器人的动作变化。

● 实施

各小组根据选定的小项目主题及拟定的小项目方案，结合本节所学知识，实施相关活动，创作小项目作品。

● 展评

各小组运用数字可视化工具，将所完成的小项目成果，在小组和全班中，或在网络上进行展示与交流，进一步优化方案，迭代改进，完善作品。

第八节　高台机器人

● 情境

太空机器人不仅能在地面上行走，也可以在高台上行走。高台上行走要能够防止机器人从高台上跌落，更要识别好方向。

机器人的智能化需要更多的传感器。快来熟悉它们的用途吧。

● 问题

如何让机器人顺利地行走在高台上而不跌落？

● 范例

会走高台的机器人，如图 2-75 所示。

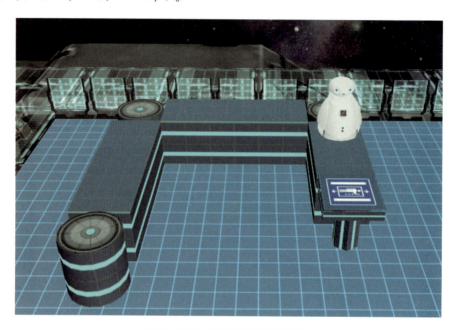

图 2-75　会走高台的机器人

● 选题

请同学们以 3～6 人组成一个小组，选择下面一个参考主题，或者自拟一个感兴趣的主题，开展一个小项目的学习。

1. 能使用延时控制走高台的机器人。
2. 能使用指南针控制跳舞的机器人。
3. 能利用下视传感器走旋转高台的机器人。

● 规划

各小组根据本组的小项目主题，参照项目范例的样式，利用思维导图工具，制订相应的项目方案。

一、认识下视传感器

机器人在高台上行走，要想不从高台上掉下来，可以按照规定线路行走，也可以使用位于机器人后部的下视传感器检测机器人是否悬空，检测值用变量 dwn_1 保存，取值范围为 0~3，取值为 0 表示机器人在平台上，取值为 1 表示机器人左侧悬空，取值为 2 表示机器人右侧悬空，取值为 3 表示机器人全部悬空。

编程控制机器人穿过高台碰到小球，如图 2-76 所示。

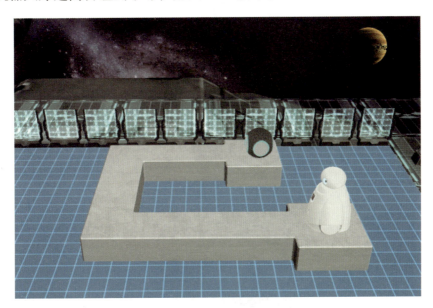

图 2-76　穿过高台任务

要想让下视传感器发挥作用，必须让机器人倒退行走；当机器人整体悬空时就要马上向前回到高台中间，再向右旋转 90 度；机器人在高台上不悬空时就保持后退行进。重复此过程直至碰到小球完成任务，任务分析如图 2-77 所示。

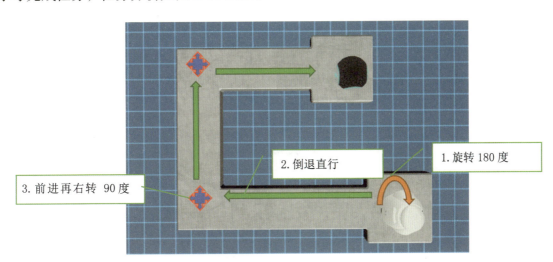

图 2-77　穿过高台任务分析

在程序中调用下视传感器与前面调用其他传感器的方法完全一样。机器人在一开始就要旋转 180 度，然后用无限循环调用下视传感器，接着在循环中用条件判断语句根据下视传感器的检测值决定机器人的动作是倒退直行还是前进右转 90 度，直至到达终点碰到小球。调用下视传感器的操作如图 2-78 所示，主程序代码如图 2-79 所示。

人工智能

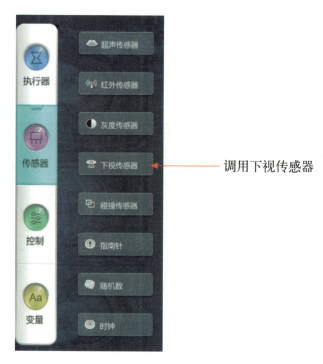

图 2-78 调用下视传感器

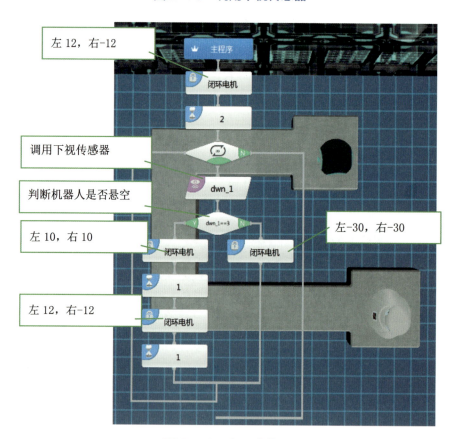

图 2-79 主程序代码

机器人下视传感器的使用让机器人对于高台运动更加得心应手。同学们对各种传感器的应用是否都掌握了呢？

二、认识指南针传感器

此前机器人在场地上的拐弯动作都是用延时实现的，另外还有一种指南针传感器可以感知机器人在场地上的方向角度，就好像有指南针帮助它判别方向一样。把机器人当圆心，将它的正前方定为 0 度或 360 度，其他方向就对应得到相应的角度，如图 2-80 所示。

图 2-80　指南针指向的方位角度

在程序中调用指南针传感器，能够检测到机器人当前的角度值，并保存到变量 cop_1 中，参数设置如图 2-81 所示。

图 2-81　指南针参数设置

在无限循环语句中边调用指南针边拐弯，用条件判断语句判定当前角度是否为目标角度，当转到目标角度时就使用中断语句退出，这样就可以转向任意指定的角度。由于拐弯速度过快可能会造成惯性误差，对于目标角度需要用逻辑运算组成的范围区间表示。例如，用右拐弯动作时从 0 度转向 90 度，就可用"cop_1>80 && cop_1<90"表示目标角度 90 度，拐弯速度越大，误差越大，范围区间也要更大一些。其中"&&"表示逻辑与运算，相当于两个条件必须同时成立。在实际应用中，目标角度的范围表示需要根据实际拐弯情况进行测试。

三、走高台机器人

机器人在高台上行走，确定方向是机器人能正确行走的关键。

编程控制机器人从旋转高台出发，中间经过两次旋转高台，最后停在电梯上到达地面。任务如图 2-82 所示。

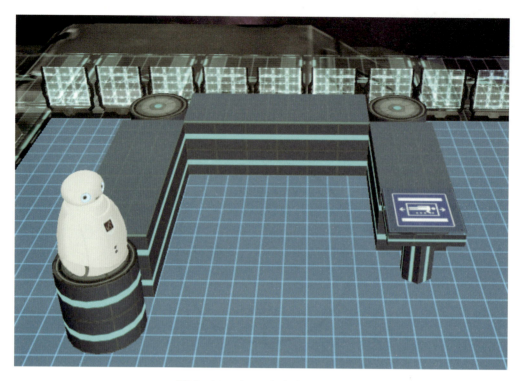

图 2-82　机器人走高台任务

机器人从旋转高台出发，必须要对准 0 度方向后，启动冲过一段高台直行，到达第二个旋转高台；然后再对准 90 度方向冲向第三个旋转高台；再对准 180 度方向直行，最后到达电梯位置停止，这样才可以到达地面。任务分析如图 2-83 所示。

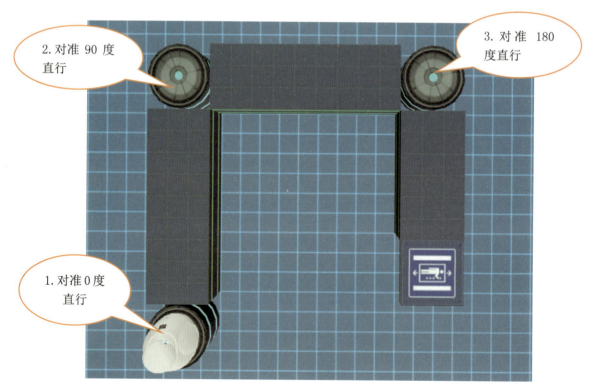

图 2-83　任务分析

任务分析中的每个步骤需要编写三个子程序来完成各自的任务。由于机器人从顺时针旋转中冲出直行，考虑到旋转惯性很大，每个目标角度对应的误差范围要大一些，如表2-8所示。

表 2-8 目标角度对应误差范围表

目标角度方向	误差范围	逻辑表达式
0 度（360 度）	在 345 度和 355 度之间	cop_1>345&&cop_1<355
90 度	在 70 度和 80 度之间	cop_1>70&&cop_1<80
180 度	在 160 度和 170 度之间	cop_1>160&&cop_1<170

主程序代码如图2-84所示。

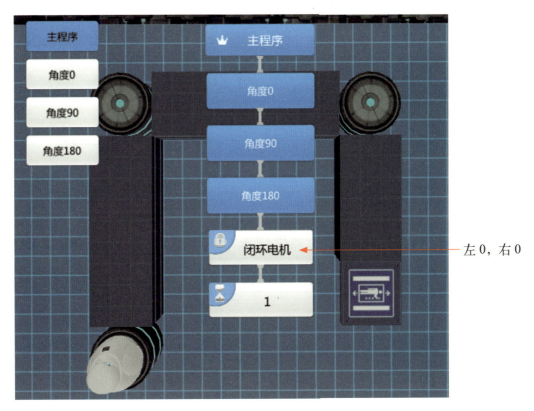

左 0，右 0

图 2-84 主程序代码

"角度 0"子程序用于实现当机器人转到 0 度方向时，从旋转高台以最快的速度冲出直行，到达下一个旋转高台。"角度 0"子程序的代码如图 2-85 所示。

在条件判断语句中，需要设定目标角度的判定表达式，如图 2-86 所示。

到达目标角度后，机器人的直行距离用延时 2 秒来控制。"角度 90"子程序的代码与"角度 0"子程序基本相同，只需要修改目标角度判定条件即可，如图 2-87 所示。

由于"角度 180"子程序中最后直行的距离比前两个子程序的都要短，因此该子程序除了要修改目标角度的判定条件以外，还需要修改直行的延时长度，请自行调试完成。

人工智能

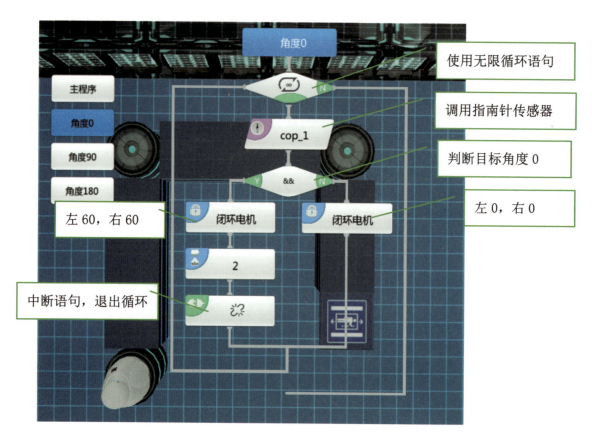

图 2-85　"角度 0"子程序代码

图 2-86　目标角度 0 的判定表达式

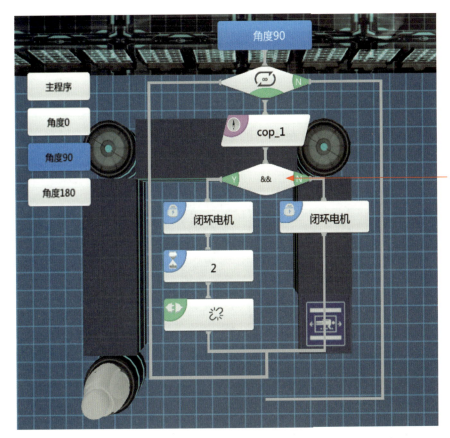

图 2-87 "角度 90" 子程序代码

机器人的角度控制是个难点，在程序运行中需要反复测试。

●项目实施

各小组根据项目选题及拟定的项目方案，结合本章所学知识，按照项目进度实施相关活动，完成大项目作品。

●成果交流

各小组运用数字可视化工具，将所完成的项目成果，在小组和全班或网络上进行展示与交流，进一步优化方案，迭代改进，完善作品。

●活动评价

各小组根据项目选题、拟定的项目方案、实施情况以及所形成的项目成果，根据本书附录的"项目活动评价表"，开展项目学习活动评价。

本章扼要回顾

【知识与技能】

同学们通过本章学习，根据"编程控制机器人"的知识结构图，扼要回顾，总结、归纳学过的内容，建立自己的知识结构体系，如图 2-88 所示。

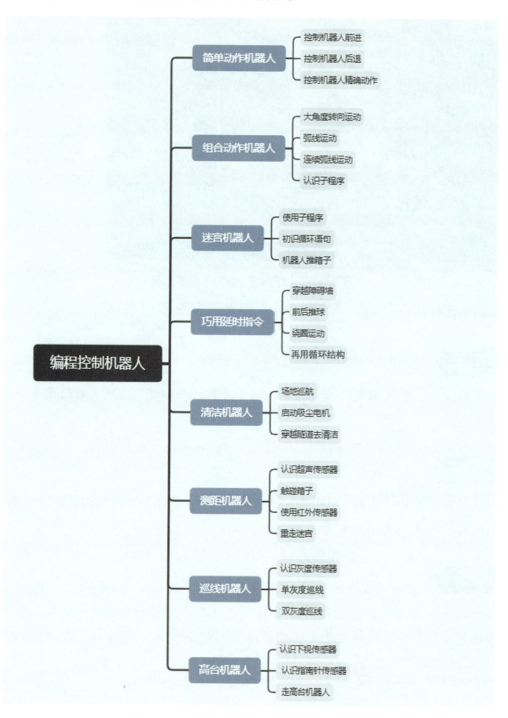

图 2-88 "编程控制机器人"知识结构图

回顾与总结

附录　项目活动评价表

各小组根据项目选题、拟定的项目方案、实施情况以及所形成的项目成果，按照下表，开展项目学习活动评价。

序 号	评价指标	评价要点	评价结果
1	作品选题	作品选题新颖，内容健康向上 选题贴近生活，做到学以致用 选题用于创新，无常识性错误 具备一定的趣味性、实用性	□优秀 □良好 □中等 □仍需努力
2	作品规划	会使用思维导图进行作品规划 科学组建小组，成员分工明确 任务分配合理，责任落实到人 明确制作进度，按时完成任务	□优秀 □良好 □中等 □仍需努力
3	作品制作	原创素材制作，无版权争议 及时记录制作中所遇到的问题 作品功能到位，迭代调测优化 遇到问题，团队共同讨论解决	□优秀 □良好 □中等 □仍需努力
4	作品分享	讲解自然、清晰，姿态大方得体 声音洪亮，抑扬顿挫，用词恰当 作品演示娴熟，能体现团队精神 注重经验分享，礼貌回答问题	□优秀 □良好 □中等 □仍需努力
5	学习反思	及时收集、归类创作所用素材 对所遇新问题，协同研讨解决 学习积极主动，交流讨论热烈 聆听他人建议，反思创作过程	□优秀 □良好 □中等 □仍需努力